U0914361

纪念契诃夫逝世110周年丛书

主编　童道明

契诃夫传

童道明　著

线装书局

图书在版编目（CIP）数据

契诃夫传 / 童道明著 . -- 北京 : 线装书局 ,2014.8

（纪念契诃夫逝世 110 周年 / 童道明主编）

ISBN 978-7-5120-1520-3

Ⅰ . ①契… Ⅱ . ①童… Ⅲ . ①契诃夫，A.P.（1860 ~ 1904）– 传记 Ⅳ . ① K835.125.6

中国版本图书馆 CIP 数据核字（2014）第 205057 号

契诃夫传

作　　者：童道明
责任编辑：李津红
装帧设计：王文龙　白　晨
排　　版：祥昀时代文化传媒
出版发行：线装书局
　　地　址：北京市西城区鼓楼西大街41号（100009）
　　电　话：010-64045283　64041012
　　网　址：www.xzhbc.com
经　　销：新华书店
印　　制：北京楠萍印刷有限公司
开　　本：787mm × 1092mm　1/16
印　　张：11.5
字　　数：134千字
版　　次：2014年9月第1版第1次印刷
印　　数：0001—5000
定　　价：29.00元

出版说明

安东·契诃夫，一位享誉全球的俄罗斯著名剧作家、短篇小说圣手，“无与伦比的艺术家”（托尔斯泰语），在他去世百年后的今天，他的作品依然受到全世界的关注，依然被不同国度、不同年龄与肤色的人们所喜爱、欣赏与解读，依然不断地被再版、再排、再演。

契诃夫是忧郁的。他的忧郁缘于他有一双超越时空、洞悉一切的慧眼。站在19世纪末有些陈旧的门槛上，他不仅看到了浮华世象之下的庸俗、狭隘、自私与丑恶，更天才地预见到了20世纪、21世纪乃至更远的将来，那明媚曙光中挥之不去的游移暗影——心与心的隔膜。同时，契诃夫又是乐观的。他的乐观源于他对同类深切的爱，源于他对人类未来的坚定信念与美好憧憬：新生活终将到来！他为此呼吁，我们每一个人都要学会忍耐，要有勇气承受痛苦与磨难，更要加倍努力地工作。

契诃夫对他笔下的人物怀有深切的理解、同情、包容与爱，他以自己的全部创作关注着普通人的喜怒哀乐，肯定他们的辛苦劳作，为他们辩护——站在抒情诗的高度上，正如俄罗斯诗人霍达谢维奇所说：“起初他把他们表现为庸人，后来把他们表现为平常的人，对他们表示怜悯，再后来开始在他们身上寻找优点，最终对他们怀抱起巨大的爱。”这一点，在崇尚财富与成功的当代，对绝大多数芸芸众生而言，显得尤为难得，尤为亲切，尤为温暖……

今年是契诃夫逝世一百一十周年，为此我们精心策划推出了这套包括人物传记、作品集、剧本集、论文集、札记与书简的丛书。其中，《契诃夫短篇小说选》《契诃夫传》《剧本五种》和《札记与书简》是在中国文联出版社2004年版“百年契诃夫丛书”的基础上修订、补充而成，《契诃夫独幕剧集——从小说到剧本》和《论契诃夫》是著名契诃夫研究专家童道明先生首次推出的新作。《契诃夫独幕剧集——从小说到剧本》收录了契诃夫的《天鹅之歌》《纪念日》等9部独幕剧，并附相关小说及解析文章，通过具体实例就剧本的改编进行了剖析，从一个侧面为读者描摹出了契诃夫从小说创作转向戏剧创作的些许轨迹，为戏剧创作特别是改编提供了参考与借鉴。《论契诃夫》是童先生对契诃夫研究成果的总结，精选了其在不同历史时期撰写的相关论文近20篇，内容涉及契诃夫的生平、作品，以及中外戏剧大师关于戏剧问题看法的比较研究等，这些论文论述严谨，语言生动，见解独到，反映出作者对这位作家及其作品由浅入深的认识过程，有助于读者更加全面、深入地理解契诃夫其人其书。

本套丛书从选题策划到编校、设计都下了很大功夫。在确定小说集的译文篇目时，我们不仅对原中国文联出版社的《忧伤及其他》书目做了调整，还专程去国家图书馆找到了刊登在1919年第1卷第1号《新青年》杂志上的胡适译作《一件美术品》，作为第二篇译文，排在鲁迅译作《坏孩子》之后。《札记与书简》修订之余，童道明先生还特别新译了契诃夫的20多封书信，使通信人从原来的5位增加到29位，所反映出的生活也愈加生动丰富了。编校中最琐碎、最耗时的一项工作，就是相当内容的相互印证与考证。同一段引文（包括经典台词），《论契诃夫》《契诃夫传》《札记与书简》的正文或注释中可能都会引用，甚至反复出现在多篇论文中，而由于写作时间、所选译本的不同，内容上多少会有些出入，需一一订正，以免自相矛盾。同样的问题也存在于人名、地名和名人生卒年月的校订过程中，如“伊琳娜”与“伊林娜”、“奥尔加”与“奥尔迦”等。为了保证编校的统一与准确，我们做了大量案头工作，整理的相关资料近3万字，包括《契诃夫作品人物称谓一览表》《契诃夫主要作品一览表》《契诃夫作品中译本编目》及名人评价摘录等，诚如主编戏谑之言，编完这套书，你们都可以去报考契诃夫专业的研究生了。现在回头看看，真是感慨。

在本套丛书即将付梓之际，我们还要特别鸣谢丛书主编，同时也是主要译、著者童道明先生。为了这套书，童先生倾注了大量心血，不顾年事已高，酷暑高温，亲自校订了全部书稿（近80万字），并就书目、图片的编排等提出了很多宝贵意见和建议。还要鸣谢王景生、高莽、朱逸森等其他几位译者的积极支持与配合，及时提供了译文的最新修订稿。

由于时间仓促，本套丛书难免存在疏漏之处，恳请广大读者提出宝贵意见，以便我们日后改进。

编　者

2014年8月18日

乐观的忧郁者

“人的一切都应该是美丽的：无论是面孔，还是衣裳，还是心灵，还是思想。”——这是契诃夫对人类所寄予的美好愿景，也是契诃夫的作品中处处闪现的亮点。

契诃夫是19世纪俄国的一位杰出的小说家和剧作家，而近半个多世纪以来，他的世界性影响却日渐深远。过去，作为小说家，他曾被誉为“俄罗斯的莫泊桑”，今天，诺贝尔奖得主门罗则被称为“加拿大的契诃夫”；过去，作为剧作家的他被誉为“俄罗斯心理现实主义戏剧的奠基人”，今天，他则被公认为20世纪现代戏剧的开拓者。

这是因为，他虽然生活在19世纪，但他的思想却属于新的时代，他的人道主义能超越时空，他的经典作品能与时代一道前进。即便是今天的人们，也能从他的作品中看到自己的惆怅与希冀，也能体察到生活在一百年前的这位乐观的忧郁者与我们的心是贴得很近很近的。

契诃夫

目 录

少 年 时 代

安东·巴甫洛维奇·契诃夫 1860 年 1 月 17 日（公历 1 月 29 日）出生在一个商人家庭。安东排行第三。他有两个哥哥、两个弟弟和一个妹妹。

契诃夫的祖父是农奴，1841 年才赎身获得自由。那年，契诃夫的父亲，巴维尔·叶戈罗维奇已经 17 岁。巴维尔很快脱离家庭独立闯世界。先是做商店伙计，后来积攒了钱，1857 年自己在塔甘罗格市开了个杂货店。

契诃夫的故乡塔甘罗格，是俄罗斯南部靠近亚速海的一个城市。塔甘罗格在 19 世纪初曾经是个相当繁荣的商埠，后来它的商埠地位慢慢地被敖德萨取代，也就慢慢地衰落了。在一段时间里，契诃夫对故乡没有什么好感。1887 年 4 月契诃夫重返塔甘罗格后，给妹妹写信说："我不喜欢塔甘罗格的趣味，我无法忍受，大概，我要逃之夭夭。"九年之后，契诃夫在中篇小说《我的一生》（1896）中，通过一位小说人物之口，对乏味的塔甘罗格做了更为直观的描述：

我不懂住在这儿的六万五千人是怎样生活，为了什么目的生活。我知道基木莱人做鞋过日子，图拉人做茶炊和造枪，我还知道敖德萨是商埠，可是我们自己的这个城市是什么东西？

为了什么而存在？我却不知道……总之，一想到这里的人在怎样生活，我就觉得难为情……公共图书馆和俱乐部的图书馆，只有年轻的犹太人才去，因此周刊和书籍摆在那儿，一连好几个月没人去裁开它。就连受过高等教育的人，既阔气又有学问，也睡在密不通风的小寝室里，也睡在满是臭虫的木床上；他们把子女关在龌龊的房间里，却管那些房间叫婴儿室……

契诃夫对童年的家庭生活与学校生活也没有留下美好的记忆。

契诃夫虽然有一位慈母，但在家里说话算数的是父亲。契诃夫对于父亲的态度是复杂的。一方面他感谢父亲的养育之恩，他曾说过“我的才智是从父亲那儿来的，我的心灵是从母亲那儿来的”这样的话，但他

契诃夫全家福，1874 年摄于塔甘罗格布。契诃夫时年 12 岁。
前排左起：弟弟米哈伊尔、妹妹玛丽亚、父亲、母亲、婶母。
后排左起：弟弟伊凡、契诃夫、哥哥尼古拉、哥哥亚历山大、叔父。

的确十分不满父亲的家庭独裁。1889 年 1 月 2 日，目睹哥哥亚历山大也在家里无缘无故大发脾气，安东·契诃夫写了封信进行规劝，而且把父亲当年的粗暴作为前车之鉴向哥哥敲起警钟："我请你记住，是专制和欺骗毁坏了你母亲的青春。专制与欺骗也葬送了我们的童年，以至于一提到这些就感到恶心和可怕。请你想想，每当父亲在饭桌上因为午餐的菜汤做得过咸而大发雷霆，或骂母亲是白痴的时候，我们心里是多么的厌恶与恐惧啊！现在父亲也不能为这一切原谅自己。"

安东·契诃夫对父亲极不满意的还有两件事。一是父亲老要他去杂货店里站柜台。小安东放学回家刚要在院子里玩耍，就听到父亲严厉的呵责声："在院子里玩什么！快到柜台上去站一会儿，学学做生意！"

契诃夫父亲开的杂货店里的商品很杂，既有茶叶、白糖，也有信封、笔记本。有一次安东正在店里站柜台，他的一个很要好的小同学来买笔记本。他付了三个戈比，安东却把一本值五个戈比的笔记本交给了同学。契诃夫的父亲发现之后，跑到街上骂骂咧咧地从小同学手里夺过了笔记本。小安东自然也挨了父亲一顿教训。

契诃夫父亲给予小安东的第二个折磨，是逼着他们兄弟几个进教堂唱诗班唱歌。小安东他们常常晚上被父亲逼着练歌，第二天早上再到教堂去唱歌。契诃夫的父亲是个爱上教堂做礼拜的人，他用这种爱好折磨着他的孩子们，他自己以为让自己的孩子在教堂唱圣歌是件极有面子的事，殊不知小安东每次站在教堂里的大人跟前唱歌，都感觉到一种说不出的屈辱。很多年之后，契诃夫回忆这段童年生活时写道："做礼拜的人都用感动的眼光注视着我们，他们对我的父亲流露出了羡慕的样子，但我们在这时却感觉到自己是几个小犯人。"

契诃夫更不能容忍的是，父亲有时还动手打他。为了这个，契诃夫一辈子不能原谅父亲。后来，契诃夫把父亲动手打他、逼迫他站柜台、做礼拜、进唱诗班的痛苦的童年体验写进了他的小说里。最明显的例子是中篇小说《三年》（1895）。小说主人公拉普节夫对妻子说：

> 我还记得我五岁以前爸爸怎样教训我——或者老实说，怎样打我。他老是拿一根柳条抽我，拉我耳朵，打我脑袋；每天早晨我一醒来，我的头一个念头就是他今天会不会打我。什么玩耍啦，孩子们的游戏啦，他不许我们干。晨礼拜和早弥撒，我们非参加不可。我们遇到牧师或僧侣，就得吻他们的手；在家里，我们也得唱赞美歌。你呢，信教，喜欢那一套，可是我怕宗教；我一走过教堂，就想起我的童年，害怕极了。我刚满八岁，就给带到货栈去。我像学徒那样打工，那种事于我的身体是不好的，因为我差不多每天都要在那儿挨打。

毫无疑问，在这里契诃夫是把自己的痛苦童年当作别人的痛苦童年写进了小说人物的自白中去。而更重要的是，有着痛苦童年体验的契诃夫，在后来的文学创作中对痛苦童年表现了别人无法企及的人性关怀。这样就有了契诃夫的短篇小说杰作《万卡》（1886）。

《万卡》不就是写了九岁童工万卡的痛苦童年吗？在城里不堪店主虐待的万卡在圣诞节前夜给乡下的祖父写信。

万卡在信里这样向爷爷诉苦说：

> 昨天我挨打了，老板抓着我的头发，把我揪到院子里拿做鞋用的皮条狠狠揍了我一顿，因为我摇他们摇篮里的孩子时，不小心睡着了。……他们还让我睡在过道里，他们的小孩儿一哭，我就一点儿都不能睡了，就得去摇摇篮。亲爱的爷爷，可怜可怜我吧，把我从这儿带回家，带回到村子吧，我活不了啦……我给您磕头，我一辈子求上帝保佑你，把我从这儿带走吧，要不我就死啦……

安东·契诃夫少时的学校生活也不美满。

小安东最早上的是希腊学校。塔甘罗格城里居民中有不少希腊人。希腊人有自己的教堂。希腊教堂还附设了一所五年制小学。塔甘罗格城里的希腊人很会做生意，城里最有钱的商人大都是希腊人。希腊人到契诃夫家的杂货店买东西，常夸口说“希腊什么都有”。安东的父亲很崇拜这些希腊人。到了1867年，小安东满7岁了，该上学了。上哪个学校呢？小安东的父亲力主上希腊学校。于是，小安东和他的哥哥尼古拉一起上了希腊学校。希腊学校的主课老师是个名叫伍奇纳的希腊人，他还有个助手叫斯皮鲁。伍奇纳和斯皮鲁没有什么学问，也没有什么因材施教的方法，却是体罚学生的能手。一学年下来，小安东的头脑里只有对这两个希腊教师的愤恨，希腊文的知识却几乎等于零。小安东的父亲这才如梦初醒，决定第二年让孩子转学到俄国小学去。

安东·契诃夫的哥哥亚历山大的回忆录里有这样一段记载：

> 在安东·巴甫洛维奇逝世前不久，我到过雅尔塔，我坐在他的书房里。我们聊了很多，也回忆起了童年往事。安东·巴甫洛维奇那时正准备出国，到巴登威勒去，他心情很好。他对这次远行寄以希望。在谈话过程中，邮差送来了一包信件。安东·巴甫洛维奇把报纸放到一边，开始翻阅寄来的书籍，他打开了其中的一本，笑道：
>
> “你看，我的书被译成希腊文了，出版社把书寄来了，大概上边还有我的简历。你来看看，他们是怎么写我的……你还记得希腊文……你年岁大了，但还记得希腊文，而我尽管在希腊学校学过，但完全不懂希腊文。我不想回忆这所希腊学校，它夺去了我的童年的快乐……”

希腊学校夺去了契诃夫的童年的快乐，后来的俄国学校也没有给他带来多少欢乐。

安东·契诃夫 1868 年进塔甘罗格的一所俄国学校念预留班，第二年（1869）安东才正式上一年级。俄国学校是八年一贯制，但契诃夫一共上了十年，到 1879 年才毕业。十年读完八年制学校是因为他分别在三年级和五年级蹲了班。像契诃夫这样有天赋的学生还会蹲班两年，这肯定有主客观上的原因。从主观上说，小安东又要站柜台又要进唱诗班，学习时间得不到保证；从客观上说，学校的教学质量大有问题，小安东就学的俄国学校虽然废止了体罚制度，但教师素质普遍很差。那个名叫齐柯的古希腊文教师，只要哪位学生家长给他贿赂，他就给那个学生考试打高分。而那个名叫乌尔班的拉丁文教师，更是告密的小人。学校的训育主任季雅利诺夫则思想保守，头脑冬烘，契诃夫后来在《套中人》（1898）里描述的别里科夫形象中就有此人的面影。

契诃夫念书的学校，大概就是被这样的“套中人”控制着，自然不会出现生动活泼的教学氛围。小说里一个刚从外地来的史地教员柯瓦连科难怪要对学校里的同事大声质问：“唉！你们怎么能在这里生活呢？你们这里的空气太压抑、太恶浊！你们难道是教书先生？不，你们是群小官僚；你们这地方不是科学的殿堂，而是衙门，而且散发着只有警察局里才能闻到的臭气。”

契诃夫的研究者们认为小说人物柯瓦连科的这一番话，可以代表契诃夫本人的心声，在契诃夫的眼睛里，他少时求学过的学校里的老师更像“一群小官僚”。

当然，学校里也有给契诃夫留下好印象的教师，如语文教师波克罗夫斯基。此人学问很好，在课堂上能够给学生们讲莎士比亚、歌德等大作家的故事。波克罗夫斯基还是个很幽默的人。他给安东·契诃夫起了个滑稽的绰号：契洪特。如果在课堂上要对契诃夫提问，波克罗夫斯基就拖长了音调喊道：“契——洪——特，请上讲坛。”契诃夫后来就把老师给他起的这个绰号用作了自己的笔名，在 1886 年之前，契诃夫写的大部分幽默短篇和其他作品都用“安东沙・契洪特”这个笔名发表。

安东・契诃夫没有平安无事地在故乡读完中学。

1875 年，他的两个哥哥亚历山大和尼古拉去了莫斯科上学。

1876 年，契诃夫父亲巴维尔・叶戈罗维奇经营的杂货店濒临破产。为了逃避债主逼债，巴维尔・叶戈罗维奇不得不偷偷逃离塔甘罗格，只身到莫斯科谋生。随后，契诃夫的母亲和几个兄妹也搬到了莫斯科。只有契诃夫与弟弟伊凡两人留下来继续求学，不久，伊凡也到了莫斯科，只有安东一个人坚持到了 1879 年夏天中学毕业。

契诃夫在故乡独居的三年，是他生活非常艰苦的三年。在举目无亲的环境下，他不得不委曲求全地栖身在旧居的新主人的屋檐之下，为了贴补日常开支，他也不得不利用课余时间去当家庭教师。安东连一双套鞋都没有，却要在泥泞的道路上来回奔波。安东・契诃夫是在困苦中度过了三年时光。但由于没有了父亲的“管教”，更不必再到杂货店去站柜台或到教堂去唱圣歌，契诃夫也获得了前所未有的自由。在这三年中，契诃夫阅读了大量的世界文学名著，而且开始了业余的文学创作。契诃夫的第一个剧本《没有父亲的人》就是在这三年中写出来的。也可以说，这艰苦而自由的三年独立生活，为契诃夫日后的成功打下了一个很重要的基础。

1889 年 1 月 7 日，已经成为著名作家的安东・契诃夫在给一位友人的信中，突然因为想到自己的青少年时代的磨难而大发感慨道：“出身贵族的作家可以不费力气得到的东西，平民百姓需要以青春做代价方可获得。不妨去写写一个青年人的故事，他是农奴的后代，站过店铺柜台，进过教堂唱诗班，后来他上了中学和大学。他从小受的教育是服从长官，亲吻神甫的手，崇拜别人的思想，为得到的每一小块面包道谢，他常常挨打，外出教书没有套鞋可穿……您写写他吧，写写这个青年人是如何把自己身上的奴性一滴一滴地挤出去的，他又是如何在一个美妙的早晨突然醒来并感觉到，他的血管里流淌着的已经不是奴隶的血，而是一个真正的人的血。”

种种迹象表明，契诃夫在这里所说的“把自己身上的奴性一滴一滴地挤出去的”青年人就是契诃夫自己。

那么，契诃夫突然醒来并感觉到“血管里流淌着的已经不是奴隶的血,而是一个真正的人的血”的那个“美妙的早晨”究竟又是什么时候呢?

我们可以肯定地说，那个“美妙的早晨”就是契诃夫在塔甘罗格过独立生活的那个时候。契诃夫 1879 年 4 月初写给弟弟米哈伊尔的一封信，就可以作证。契诃夫在这封信里写道：

> 亲爱的弟弟米沙：
>
> 正当我百无聊赖地站在门口打哈欠的时候，接到了你的来信，因此你可以判断，你的信来的正是时候。你的字写得很好，在整封信里我找不出一个语法错误。只有一点我不喜欢：你为什么把自己称作“微不足道的、渺小的小弟弟”。你承认自己的渺小？弟弟，不是所有的米沙都是一个样子的。你知道，应该在什么地方承认自己的渺小，在上帝面前，在智慧面前，在美面前，在大自然面前，但不是在人群面前。在人群中应该意识到自己的尊严。要知道你不是个骗子，是个诚实的人。那就尊重自己身上的这种诚实，而且记住，一个诚实的人不可能是渺小的。

这就是说，最迟在 1879 年，也就是在契诃夫 19 岁的那一年，在快要中学毕业的时候，契诃夫就已经开始“把自己身上的奴性一滴一滴地挤出去”，就已经意识到“在人群中应该意识到自己的尊严”，也就是意识到在自己的血管里“流淌着的已经不是奴隶的血，而是一个真正的人的血”。

我们已经说过，契诃夫在学校的学习成绩并不优秀，还留过两年级，中学毕业的时候，在全部二十三名毕业生中，按考试成绩，契诃夫名列十一，处于中游，但那是就考试成绩而言。实际上，契诃夫在中学毕业时达到的智力水平与思想水平，却是他的同龄人无法企及的。在故乡的独立生活期间，生活的磨难与苦读文学经典，成了砥砺契诃夫才华的重要契机。这还可以从 1879 年契诃夫给弟弟写的一封信中看出，在那封信里，他给弟弟开了一个希望他阅读的书目清单，其中既有像《堂吉诃德》这样的小说，也有像屠格涅夫的《堂吉诃德与哈姆莱特》这样的文章，这说明堂吉诃德的不屈不挠的精神，在少年时代的契诃夫心里留下了深深的印记。而最能显示少年契诃夫出众才华的，是他在中学七八年级时写作的多幕剧《没有父亲的人》。

之所以可以断定这个剧本写于 1878—1879 年，是因为剧本里有句“听说，涅克拉索夫已经死了”的台词，而俄国诗人涅克拉索夫正是在 1878 年 1 月 8 日去世的。而《没有父亲的人》这个剧名，也能反映少年契诃夫本人的自我意识。契诃夫虽然有父亲，但他从小就在心理上与父亲疏远，而到了写这个剧本的时候，父亲确确实实已经离他很远很远，他的自我感觉就是个“没有父亲的人”。

《没有父亲的人》里的人物很多，主角普拉东诺夫，年纪 30 左右，是个乡村教师。他是个复杂的人，但也是他那个时代的一个有代表性的人物。剧本第一幕里有一段既能说明时代也能说明人物的台词：

> 依我之见，普拉东诺夫是现代不确定性的最好的体现者……我以为，我们今天这个社会的现状可以用混沌这个字眼来概括……一切都极其的不明朗、不清楚……一切都混杂在一起，乱成一团……我认为我们的这个绝顶聪明的普拉东诺夫，就是这种不确定性的体现者。

上引的这段台词大概能说明契诃夫本人的想法。一个年纪只有十七八岁的、才读中学七八年级的少年，能对所处的社会情势做如此的判断，可见少年契诃夫的思想多么地成熟了。

一个混沌时代“不确定性”的体现者一定是个复杂的人，一个痛苦的人。普拉东诺夫复杂在哪儿？痛苦在哪儿？

复杂在普拉东诺夫虽有现代唐璜的言论（如他所说：“别人面对的是世界性的问题，我面对的是女人！”），但他没有勾引良家妇女的行为，倒是女人们都喜欢他，而他只是消极地应付这些来自女性的情感进攻罢了。复杂在普拉东诺夫虽然自己没有什么罪过但心里常有一种负罪感。这也许是因为父辈的罪孽成了压迫着子辈的良心的重负。

普拉东诺夫的父亲是个将军。普拉东诺夫认为他的父亲“是个彻头彻尾的腐化分子，”“活着是富翁，死时是乞丐……从眼睛里流出来的是香槟酒，这些香槟酒是他和他的食客们从穷苦人身上吸取的血汗”。

“父与子”冲突，曾是被俄国作家屠格涅夫强调过的19世纪俄罗斯文学的一个重要内涵，但少年契诃夫把“父与子”冲突作为一条线索放进《没有父亲的人》中，肯定也有他自己的童年生活体验的背景。后来，契诃夫把这条“父与子”冲突的线脉，一直延伸到他的绝命作《樱桃园》（1904）中，延伸到了大学生特罗菲莫夫那段谴责祖辈罪恶的长篇独白之中：

> 安尼雅，您倒是想想您的祖父、曾祖父和您的所有的祖先，都是占有活的魂灵的农奴主，人的精灵难道不是从花园里每一棵樱桃树上，从每一片树叶上，每一根树干上向您张望，您难道没有听到他们的声音……占有活的魂灵——这件事把所有的你们——过去活着的和现在活着的人都给腐蚀了，您的母亲，您，您的舅舅，都没有意识到你们欠着别人的债，你们是靠着

别人，靠着那些你们不允许走进自家内院的穷人过活的。……我们落后了，落后了至少两百年，我们一事无成，对历史的过去没有明确的态度，我们只知道空发议论、只知道埋怨乏味的生活，要不然就是狂饮伏特加酒。要知道这是很清楚的：如果想要生活在今天，就需要补偿过去，和它来个了结，而要补偿过去，就需要忍受痛苦，就需要不知疲倦地劳作。安尼雅，您要知道这一点。

《没有父亲的人》能让我们联想到契诃夫后来创作的地方还不止于此。《没有父亲的人》里有些台词透露出来的人生哲理味道，很难想象是出于一个十七八岁少年的思考。比如，剧本里有句简洁而精彩的台词："哈姆莱特害怕做梦，我害怕生活。"这句台词大概在少年契诃夫的头脑里盘旋过很多时日，而且深深地刻在了契诃夫的脑海里。过了十五年之后，契诃夫又把这句台词经过加工与扩充之后放进了他的一个小说人物的口里。短篇小说《恐怖》（1892）里的一个小说人物说："我们的生活和阴间的生活同样叫人不能理解，同样可怕。谁要是怕鬼，谁就也应当怕我，怕那些亮光、怕天空，因为只要你细细一想，就会明白那些东西不比阴间的鬼魂少离奇、容易懂。王子哈姆莱特没有自杀，因为他怕自杀的情景会在他死后常到他梦中来。"

《没有父亲的人》的手抄稿本是 20 世纪 20 年代发现的。对契诃夫的这部少作起初没有怎么在意。慢慢地它引起了契诃夫研究者、特别是戏剧导演的关注。自 20 世纪 50 年代末起，欧美的导演纷纷把《没有父亲的人》以《普拉东诺夫》的剧名搬上了舞台。2004 年中国举行契诃夫国际戏剧节，戏剧节的开幕戏，就是中国国家话剧院王晓鹰导演的《普拉东诺夫》，我们也开始怀着敬意，面对这部出于少年契诃夫之手的剧本。

初 登 文 坛

1879 年 8 月，契诃夫中学毕业，来不及与老师合拍一张传统的毕业照，便迫不及待地离开故乡来到莫斯科。其时，契诃夫的父亲在给一个富商当听差，很少回家，大哥亚历山大也另有住处，二哥尼古拉又是个性格比较软弱的人，于是 19 岁刚刚考上莫斯科大学医学系一年级的安东·契诃夫俨然成了一家之主。三年的独立生活磨炼了契诃夫，他默默地承担着只有成年人应承担的义务。

由于家庭经济情况不好，契诃夫一家人只好各尽所能地打工挣钱养家。二哥尼古拉是个画家，他经常给幽默刊物画插图。安东·契诃夫也效法哥哥想通过给幽默刊物投稿挣得稿费贴补家用。流传过这样一个关于契诃夫第一次投稿发表作品的故事：契诃夫一家准备给母亲叶甫盖尼娅·雅科甫列芙娜过生日，但家里没有买生日蛋糕的钱，于是契诃夫给刊物写了个幽默小说，拿所得的几个卢布给母亲买了蛋糕。不管这个传说的真实性如何，但契诃夫初登文坛的确有经济利益的驱动。

契诃夫头一篇公开发表的作品刊登在彼得堡的幽默杂志《蜻蜓》1880 年第 10 期上。题目叫《一位顿河地主写给有学问的邻居的信》，署名是："--- 夫"，在同一期《蜻蜓》上，还发表了契诃夫另一篇题名《在小说中常常遇到的是什么？》的幽默小说，这次署名为"安东沙"。

这两篇契诃夫最早发表的作品，都属于讽刺小品范畴。前者嘲讽一个头脑冬烘的土地主。这一位“顿河地主”看到“有学问的邻居”在一篇文章里说到“太阳上有黑斑”，便写信说：“足下在您的渊博的作品里宣称，在最大的天体，在太阳上，竟有一些黑斑云云。这样的情形不可能有，因为绝不可能发生这种事也。如果普通人的肉眼不能直视太阳，那么足下怎能看清太阳上的斑点……”《在小说中常常遇到的是什么？》里则讽刺了那些落入俗套、了无新意的时髦小说，契诃夫一登上俄国文坛，就显示了他批判愚昧与僵化的倾向性。

契诃夫最初专给幽默刊物写稿也有时代的必然性。

19 世纪 80 年代的俄国文坛没有产生过一部出色的长篇小说。这是因为长篇小说的高手，如陀思妥耶夫斯基、屠格涅夫在 80 年代初的 1881 年、1883 年先后谢世了，而另一位善写长篇小说的大作家列夫·托尔斯泰正是在 80 年代陷入了创作危机。托尔斯泰 60 年代写《战争与和平》，70 年代写《安娜·卡列尼娜》，后边的长篇杰作《复活》则写于 90 年代。没有大作品问世的 80 年代，恰好给专登短篇小说的幽默刊物提供了发展空间。而《蜻蜓》、《闹钟》、《观众》、《娱乐》、《蟋蟀》、《花絮》等幽默刊物也成了初登文坛的契诃夫大显身手的用武之地。在上边提到的这些刊物中，契诃夫都用不同的笔名发表过作品，用得最多的笔名是“安东沙·契洪特”。所以后来也有学者把契诃夫的早期创作定名为“契洪特时期”。

在所有的幽默刊物中，水平最高的是由列依金主持的《花絮》。尼古拉·列依金（1841—1906）也是头一个发现契诃夫才华的俄国作家。契诃夫后来成名之后也没有忘记列依金当年的提携，1887 年 12 月 27 日，契诃夫给列依金写信说：“《花絮》是我的圣水盆，而您是我的教父。”

契诃夫这话也不完全是溢美之词，列依金对契诃夫的最大影响是磨炼他的简洁的文风。列依金对契诃夫提出的具体要求是：每篇小说不超过一百个句子，而且每篇小说都有幽默感。契诃夫正是在列依金的近乎苛刻的撰稿要求下，逐渐修炼出了以简洁为特征的契诃夫文体，以至于他后来自己也发表了“简洁是天才的姊妹”的高论。

契诃夫与列依金相识于1882年年末，1883年1月12日，契诃夫第一次给列依金写信，信一开头说：“为报答您美好的来信，我寄给您几个作品。稿费收到了，杂志也收到了。谢谢。还要感谢您邀请我继续合作的美意。我特别愿意与《花絮》合作。贵刊的倾向，它的装帧和操作的灵活，把我（不仅是我一人）吸引到了您身边。我也全力支持短小的作品，如果我编幽默刊物，我也会把冗长之作扫地出门。在莫斯科的同行里，只有我一个人反对冗长……”在“反对冗长”这一点上，契诃夫一下子与列依金达成了共识。在这种和谐的创作合作中，契诃夫的创作才情与创作热情一下子迸发出来了。有一次契诃夫对列依金在信中作出了如此慷慨的承诺：“如果我把我在一个美好的冬夜写出的东西都寄给《花絮》，那么我的这些作品足够您用上一个月。”正是在契诃夫与列依金相识之后的第一年——1883年，出现了契诃夫短篇小说创作的第一个繁荣期。仅1883年一年，契诃夫共有120篇作品问世，其中就有脍炙人口的《一个文官的死》和《胖子和瘦子》这两部微型杰作，连同1884年发表的《变色龙》和1885年发表的《普里希别叶夫中士》，构成了“安东沙·契洪特时期”的代表作。在这些代表作中贯注着契诃夫的鲜明的社会批判意识，同时也显示了他的杰出的讽刺幽默天才，以及他的短小精悍的文体风格。

这些早期代表作也告诉我们，契诃夫既是个冷眼观察世界万象、揭露社会病象的作家，同时也是一个热烈拥抱世界、充满人性关怀的作家。他在抨击社会庸人心理与产生庸人心理的沙俄社会的同时，也热烈呼唤着没有经过歪曲的人性的张扬。

这种人性首先是人的尊严，首先是人要“把自己身上的奴性一滴一滴地挤出去”的呼吁。“一个文官”在一位将军面前的恐惧，一个“瘦子”在一个“胖子”面前的谄媚，一个警官在一只小狗面前的出乖露丑，一个“一看见有人犯上就冒火”的中士，都丢掉了“人的尊严”，暴露了“身上的奴性”。契诃夫在《一个文官的死》、《胖子和瘦子》、《变色龙》、《普里希别叶夫中士》中通过对于人身上的“奴性”的入木三分的揭露，张扬的正是排除人的“奴性”，维护人的尊严的人道主义理想。

“安东沙·契洪特”时期佳作的一大艺术特色是高度的简洁。一篇内涵深刻的幽默小说篇幅都超不过一百个句子。为了达到这样高度的凝练简洁，契诃夫通常运用开门见山的笔法。

像《胖子和瘦子》的开头是这样的：

尼古拉铁路一个火车站上，有两个朋友相遇：一个是胖子，一个是瘦子。

一开头就把故事的地点“尼古拉铁路一个火车站上”和人物“一个是胖子，一个是瘦子”点了出来。

达到简洁的另一个手段是，尽可能不在人物的外形描写上浪费笔墨。如在《一个文官的死》中，契诃夫完全没有对小文官切尔维亚科夫作外部形象的描写。切尔维亚科夫的唯唯诺诺、胆小怕事的小人物性格，以及他的惶惶不可终日的心理状态，是通过人物本身的性格化动作加以展示的。切尔维亚科夫，只因为在看戏时忍不住打了个喷嚏，而唾沫星子可能喷到了坐在他前面的文职将军的身上，于是前后五次赔着小心、惶惶不安地向将军作出解释、赔礼道歉，而被这个低级文官的反复赔罪搞得不耐烦的文职将军，终于铁青了面孔向他大喊一声“滚出去！”切尔维亚科夫听到“滚出去”这声呵斥之后，“肚子里似乎有个什么东西掉下去了。他什么也看不见，什么也听不见，退到门口，走出去，到了街上，慢腾腾地走着……他信步走到家里，没脱掉制服，往长沙发上一躺，就此……死了。”这是小说的结尾。这个写文官之死的结尾颇有黑色幽默的荒诞意味。但契诃夫的幽默是从小说一开始就见端倪的：

> 在一个挺好的傍晚，有一个也挺好的庶务官，名叫伊凡·德米特利奇·切尔维亚科夫，坐在戏院正厅第二排，举起望远镜，看《哥纳维勒的钟》（歌剧）。他一面看戏，一面感到心旷神怡。可是忽然间——在小说里常常可以遇到这个“可是忽然间”。作者们是对的：生活里充满多少意外的事啊！可是忽然间，他的脸皱起来，眼珠往上翻，呼吸停住……他取下眼睛上的望远镜，低下头去，于是……啊嚏！！！诸位看得明白，他打了个喷嚏。不管是谁，也不管是在什么地方，打喷嚏总归是不犯禁的。农民固然打喷嚏，警察局长也一样打喷嚏，就连三品文官偶尔也要打喷嚏，大家都打喷嚏。切尔维亚科夫一点儿也不慌，拿出小手绢来擦了擦脸，照有礼貌的人的样子往四下里瞧一眼，看看他的喷嚏搅扰别人没有。可是这一看不要紧，他心慌了。他看见坐在他前边，也就是正厅第一排的一个小老头儿正用手套使劲擦他的秃顶和脖子，嘴里嘟嘟哝哝。切尔维亚科夫认出小老头儿是在交通部任职的文职将军勃利兹查洛夫。

我们读《一个文官的死》，都觉得这开头一段特别幽默。为什么？当然，这里有契诃夫的语言幽默技巧在起作用。比如，关于“可是忽然间”与“打喷嚏总归不犯禁的”近于戏谑的调侃，比如，庶务官是个小得不能再小的芝麻官，但契诃夫给他在前边加了个很体面的形容词：“挺好的”。可是这个“挺好的庶务官”看戏正看得心旷神怡，忽然间打了个喷嚏。按说，人人都会打喷嚏的，哪知庶务官切尔维亚科夫的这个喷嚏打出了大麻烦，“挺好的夜晚”立即变得不美好了。契诃夫用这个妙趣横生的小说开头，给一个荒诞的社会揭开了盖头。

《一个文官的死》的幽默色调是接近于“黑色”的。但在更多的情况下，契诃夫的幽默是明亮的，而且也透露着他的一种达观的处世态度。比如，契诃夫以“无脾人”笔名发表在1885年4月27日《花絮》上的《生活是美好的》就是一篇读了之后既让人解颐也让人解愁的幽默小品。这篇幽默小品的副标题是：“写给企图自杀的人。”请看他是怎么幽默地向遇到各种不幸的人提供乐观主义的“进言”的：

> 生活是极不愉快的事，然而要使生活美好，却也不算太难。要做到这一点，光是中二十万卢布的彩票，获得“白鹰”勋章，娶个俊俏的女人，以安分守己闻名，那是不够的，因为这些福分都不能长久存在，迟早会使人觉得平淡无奇。为了让内心不断感到幸福，甚至在忧伤悲愁的时候也不变，那就需要：（一）善于满足现状；（二）高兴地体会到“本来事情可能更糟”。这并不困难：
>
> 你衣袋里的火柴燃起来，那你该高兴，感谢上苍，幸好你衣袋里没有藏着火药库。
>
> 穷亲戚来到你别墅里，你不要脸色煞白，而要得意洋洋地高声叫道：“幸好来的不是警察！”
>
> 你手指上扎了一根刺，你该高兴地喊一声：“幸亏不是扎在眼睛里！”
>
> ……
>
> 如果你有一颗牙痛起来，那你就要欢欢喜喜，因为你不是满口牙都痛。
>
> 人家把你押到警察分局去，你就该快活得跳起来，因为人家不是把你押到地狱的熊熊大火中去。
>
> 如果人家用桦树条抽你，你就该乐得踢蹬两条腿，高声叫道：“我多么幸运啊，人家总算没有用带刺的草麻抽我！”

如果你妻子对你变了心，那你就该高兴，因为她是背叛你，而不是背叛祖国。

诸如此事，不胜枚举……人啊，假如你听从我的忠告，那么你的生活就会成为源源不断的欢乐了。

契诃夫在这里用“本来事情可能更糟”的逻辑来给人排忧，但契诃夫的笔触一直是在“幸”与“不幸”的矛盾之间游移，幽默也正是在这矛盾的纽结之中产生。“如果你妻子对你变了心，那你就该高兴，因为她是背叛你，而不是背叛祖国。”这一句话后来成了广为流传的契诃夫幽默。

契诃夫是纽结矛盾制造幽默的能手。

如我们上边已经提到的《胖子和瘦子》的开头：“尼古拉铁路一个火车站上，有两个朋友相遇：一个是胖子，一个是瘦子”。这胖子和瘦子就是一对矛盾。当然还有幽默性的夸张。当瘦子听到阔别多年的中学同学——胖子已经做到三品文官，便“突然脸色变白，呆若木鸡，然而他的脸很快就往四下里扯开，做出顶畅快的笑容，仿佛他脸上和眼睛里不住迸出火星来似的。他把身体缩起来，哈着腰，显得矮了半截……他的皮箱、包裹和硬纸盒也都收缩起来，好像现出皱纹来了。”

这种幽默性的夸张也表现在《变色龙》里，警官奥楚美洛夫的反复无常的矛盾心态，全是因为对那条狗的主人作了不同判断。当警官头一次听说狗的主人是席加洛夫将军时，便嚷嚷太热，要把大衣脱掉；当第二次听说狗是“将军家的”后，又反过来觉得“挺冷”，要把大衣穿上。“变色龙”对于气温的感应居然也如此反复无常。

在《变色龙》中，真正意义上的正面人物是找不到的。即使是那个不幸被狗咬了一口的首饰匠赫留金，其实也是俗人一个。契诃夫写到他“把一根血淋淋的手指头伸给人群看”时，不无幽默也不无嘲讽地加了句：“那根手指头本身活像一面胜利的旗帜。”小说在结尾处还点到了

“哈哈大笑”的围观者们的幸灾乐祸与麻木。契诃夫早期幽默小说的嘲讽矛头也总是指向旧俄社会普遍存在的庸人心理与小市民习气。

契诃夫还有一个经常运用的幽默手段，是“不合谐的平列”。契诃夫 1889 年写信给一个朋友说，“除了长篇小说、诗歌与匿名信外我全都写过。”读到这段话大家都会忍不住笑的。但如果从这句话里去掉“匿名信”，就谁也笑不起来。光明正大的契诃夫自然不会去写见不得人的“匿名信”，但当契诃夫把“匿名信”与“长篇小说、诗歌”放到一起，便出现“不合谐的并列”，便出现了幽默。

这种契诃夫式的幽默，我们也能在他写于 1883 年的小说《站长》中见到。《站长》的开篇是这样的：

> 德烈别兹加火车站的站长名叫斯捷潘·斯捷潘内奇，姓谢普土诺夫。在刚过去的这个夏天，他出了点小小的岔子。这个岔子虽然分明微不足道，然而他付出的代价却是高高的。由于这个岔子，他失去了新制帽，也失去了对人类的信心。

小说头一句话就轻轻地把故事主人公的姓名与职务介绍了出来。接着发了一番像是“自相矛盾”的议论：站长出了点“小小的”岔子，失去的却是大大的——“对人类的信心”。包括把世俗的“新制帽”与崇高的“人类的信心”作“不合谐的并列”，让站长斯捷潘一股脑儿地“失去”，都是契诃夫的以一当十的幽默笔法。

在契诃夫的早期幽默小品中，《意见簿》是个特殊的例子。它篇幅很小，我们不妨先把它全文披露如下：

> 它，那簿子，放在火车站上专为它设置的写字台抽屉里。写字台抽屉的钥匙“由车站宪兵妥为保管”，其实钥匙根本用不着，因为写字台抽屉永远开着。您翻开簿子看一下吧：

“先生！这要算是处女作？！”

这下面画着一张丑脸，生着长鼻子和长犄角。丑脸下面写着：

“你是图我是像，你是畜生我不是。我是你的脸。”

“本人乘火车到达这个车站，观赏窗外的风景，不意我的帽子飞掉了。伊·亚尔蒙金。”

“这是谁写的我不知道，我这个傻瓜读了一遭。”

“野心科科长柯洛甫罗耶夫到此一游书此留念。”

“本人谨向长官申诉列车员库奇金对我妻子态度粗暴。我妻子根本没有吵闹，而且恰好相反，竭力要大家安静。同样，本人申诉宪兵克里亚特文粗暴地抓住我的肩头。本人居住在安德列·伊凡诺维奇·伊谢耶夫的庄园上，他知道我的品行。账房办事员萨莫卢奇谢夫。”

“尼康德罗夫是社会主义者！”

“我至今清楚地记得下述可恶的行为……〔被涂掉〕。我路过这个车站，目睹下述情况而满腔愤慨……〔被涂掉〕。在我眼前发生了下述可恶的事件，以鲜明的色彩画出我们铁路的秩序……〔下文一概被涂掉，只留下署名〕。库尔斯克中学七年级学生阿历克塞·祖吉耶夫。”

“我在等候开车的时候观察车站站长的相貌，极不满意。我要在一路上说明这一点。无忧无虑的别墅客。”

“我知道这是谁写的。这是玛·德写的。”

“诸位先生！捷尔佐甫斯基是个骗子！”

“宪兵太太昨天同车站食堂老板柯斯契卡同坐一辆马车在河对岸走过。但愿太平无事。不要伤心啊，宪兵！”

“本人乘车路过车站，肚子饥饿，想吃东西，却找不到斋戒的素食。助祭杜霍夫。”

“给你吃什么就吃什么……”

“如有人拾得皮烟盒一个，请交售票处安德烈·叶果雷奇。”

“本人已被革职，原因似是酗酒，本人特此声明：你们统统是骗子和窃贼。电报员柯兹莫杰米扬斯基。”

“请以美德来美化你自己吧。”

“卡倩卡，我发疯般地爱您！”

“我要求在《意见簿》上勿写不相干的事情。代站长伊凡诺夫第七。”

“虽然你是第七，可你也还是傻瓜。”

在契诃夫早期幽默小品中，有一种是幽默对话。《意见簿》可以说是“幽默对话”的变种。

《意见簿》构思奇巧，它把形形色色的“意见”编织在一起，尽管“意见”各异，却有内在联系。比如，在有位好事之徒“揭发”“宪兵太太昨天同车站食堂老板柯斯契卡同坐一辆马车”到河对岸兜风之后，接着就有某助祭士埋怨在车站食堂“找不到斋戒的素食”。食堂老板忙于幽会，食堂还能办得好吗？

就这样，这“意见簿”里的一条条“意见”，经过这类“蒙太奇”式的组接后，勾勒出了旧俄社会一个细胞组织的很不雅观的轮廓，而在各条“意见”的背后也显示着提“意见”人的种种性格与心态。这里有闲得无聊的人，有播弄是非的人，有公开告密的人，有坠入爱河的人……而代站长伊凡诺夫第七偏偏在这位热恋者的热烈情语——“卡倩卡，我发疯般地爱您”后，大笔一挥写下一条大煞风景的“批示”：“我要求在意见簿上勿写不相干的事情。”你要扫恋人的兴，别人也会与你过不去，说“虽然你是第七，可你也还是傻瓜。”

《意见簿》开头的一小段“前言”也有丰富内涵：

它，那簿子，放在火车站长专为它设置的写字台抽屉里。写字台抽屉的钥匙“由车站宪兵妥为保管”，其实钥匙根本用不着，因为写字台抽屉永远开着。

据此，我们不妨作这样的推理。火车站的头头有一天心血来潮，想作“民主”姿态，专设“意见簿”，请过往旅客提出“宝贵意见”，但又疑神疑鬼地将这“民主”的象征锁进了抽屉，而且把钥匙交由最不讲“民主”的宪兵“妥为保管”。旅客们最不愿意与宪兵打交道，他们自己动手，拧掉铁锁，取出“意见簿”。而铁锁拧开之后，车站头头也听之任之，所以尽管钥匙“由车站宪兵妥为保管”的告示照样贴着，但“其实钥匙根本用不着，因为写字台抽屉永远开着”。

《意见簿》是契诃夫把他的幽默提炼得异常深蕴的一个作品。短短一段文字，凝聚着多少值得深长思之的社会内容。在契诃夫幽默的背后，站着一个冷眼观察世界的智者契诃夫。

80 年代初契诃夫以“安东沙·契洪特”的名义初登俄国文坛，就通过他的幽默笔法显示了他的从事文学写作的灵气与智慧以及他的批判时弊的社会立场。

1883 年是契诃夫创作丰收的一年。也是在这一年，契诃夫头一次萌生了编选作品集的念头，但因为经济上的原因没有成功。1884 年契诃夫终于出了一本薄薄的小说集，收入六篇短篇小说，取名《梅尔波梅尼的故事》。契诃夫为这本总共只有 96 页的小书登载了一则广告。广告词是这样的：

安东沙·契洪特，《梅尔波梅尼的故事》，书价 60 戈比，书商折扣优待，朋友免费赠阅。

就是这小小的广告词，也透着契诃夫式的幽默。

渐 入 佳 境

1884 年夏天，安东·契诃夫从莫斯科大学医学系毕业。那时，兹文尼高罗德城的一个医生正好外出度假，刚毕业的契诃夫就去暂时接替那位医生的工作。契诃夫在那里不仅要为患者看病，还要受当地有关当局委托到外地去验尸。人在死尸面前的奇怪的感受和由此生发的人生体验，给了他创作的灵感，于是有了头一个与契诃夫的医生职业有关系的短篇小说《死尸》（1885）。一个穿法衣的过路人，在郊野意外地见到一具死尸之后，发表了这样的议论："我们的生活呀！……这个人活着的时候，谁也不注意他，可是临到他死了，就要烂掉，我们却在他面前发抖，就像见着一位大名鼎鼎的统帅或者主教似的。"这是否也是当医生难免要与死尸打交道的契诃夫本人的感叹呢?

契诃夫挂牌行医的时间不长，但他始终认为自己是个身兼作家与医生双重职业的人。后来在 1891 年 10 月 20 日写给苏沃林的信中，他再一次强调了自己的双重身份："如果我是个医生，那么我需要病人和医院；如果我是个作家，那么我需要生活在人民中间。"1885 年又是契诃夫的一个创作丰收年。对于契诃夫来说，这年创作的最有意义的一篇小说，便是 5 月 18 日发表在《彼得堡报》上的《猎人》。《猎人》的发表可以说是契诃夫创作生涯中的一个转折点。

《猎人》开头是十分精彩的景物描写：

> 一个溽暑闷热的中午，天上连一小片云也没有。青草被太阳晒得枯萎，显得灰心绝望；即使下上一场雨，它也不能发绿了……树林静悄悄的，纹丝不动，似乎用树梢眺望远方，或者等一件什么事似的。
>
> 林间空地的边沿上，有个40岁上下的男子懒散地走着，脚步蹒跚，这人高身量，窄肩膀，身上穿一件红衬衫和一条原是地主穿的、已经打了补丁的裤子，脚上穿着大皮靴。他沿着大路慢腾腾地走去。右边是绿色的林间空地，左边伸展着成熟的黑麦地，金黄色的海洋一直蔓延到地平线。

这位40岁上下的男子叫叶果尔，是个被地主雇用的猎人，他到林中打猎，是为了替主人家的餐桌上添点野味。地主们欣赏他的好枪法，他也乐于漂泊在外，为主人效劳。这一天在林子里，他与久别了的妻子彼拉盖雅不期而遇。妻子向他诉苦说："您跟我这个不幸的人总也该一块儿过一天才是。我已经嫁给您十二年了，可是我们俩一回也没有相亲相爱过。"妻子问他什么时候能回家去看看。猎人回答说："还是不去的好。我清醒的时候绝不会去，我喝醉了去，也于你没有什么好处。我喝醉了爱发脾气。"然后：

> 叶果尔把帽子戴在后脑壳上，吧嗒了一下嘴，招呼他的狗，便继续赶路了。彼拉盖雅站住不动，瞧着他的背影……她瞧着他那活动的肩胛骨，漂亮的后脑壳，懒洋洋、漫不经心的步子，她那对眼睛就充满了忧郁和温柔的爱抚……她的目光打量着她丈夫细高的身影，爱抚它，温存它……他仿佛感到了她的目光似的，停住脚，回过头来看……他沉默不语，彼拉盖雅从他的脸容，从他那耸起的肩膀看出来他有些什么话要对她说。她就

胆怯地走到他跟前，用恳求的眼光瞧着他。

“给你！”他说，扭回身去。

他给了她一张揉皱的一卢布钞票，很快地离开了。

“再见，叶果尔·符拉绥奇！”她心不在焉地接过那张钞票说。

他顺着一条又直又长如同拉紧的皮带般的道路走去……她站在那儿脸色苍白，纹丝不动，犹如一尊塑像，用目光盯住他的每一步路。可是后来，他衬衫的红色同他裤子的黑色混在一起，他的脚步渐渐看不清楚，那条狗跟他的皮靴也不能截然分开了。她看得清的只有那顶便帽，可是……忽然，叶果尔猛的往右转弯，走进林间空地，那顶便帽就也消失在一片苍翠当中了。

“再见，叶果尔·符拉绥奇！”彼拉盖雅小声说着，踮起脚尖，想再看一眼他的白色便帽。

我们从上引的《猎人》片断可以看出，《猎人》与契诃夫先前写的幽默小品已经大异其趣。这种情景交融的抒情笔法已经在很大程度上接近于屠格涅夫的风格。但正是这篇接近于屠格涅夫风格的《猎人》，契诃夫在当时俄国文坛引起了前所未有的关注。《新时报》主编苏沃林（1834—1912）经人推荐读了《猎人》，决定邀请契诃夫给《新时报》撰稿。苏沃林对于契诃夫的赏识可以用下边几件事说明。当契诃夫1886年2月给《新时报》寄去第一篇小说《安灵祭》后，苏沃林给契诃夫打电报，建议契诃夫这次不用“安东沙·契洪特”的笔名，契诃夫表示同意，于是《安灵祭》成了契诃夫的第一篇署上自己真名发表的作品。这是一。半个月后，契诃夫给《新时报》寄去另一篇小说《巫婆》。小说里有一个近乎自然主义的细节：诵经士怀疑妻子不忠之后，“撩起衬衫的底襟匆匆擤一下鼻子，因而露出诵经士的灰色肚皮和像小面包圈那么大的肚脐。”编辑们认为这个细节不雅，主张删掉，但苏沃林力排众议，说：“我不能删掉！改动契诃夫的作品意味着毁坏契诃夫。”苏沃林还用极其优惠的条件帮契诃夫出版小说集《形形色色的故事》（1886）、《在黄昏中》（1887），而1888年，也是由于苏沃林的极力举荐，契诃夫获得了普希金文学奖。

《猎人》的最大效应，是他获得了文学前辈格利戈罗维奇（1822—1899）的美评。这个美评不仅限于在文学圈里传播，1886年3月25日，格利戈罗维奇直接给契诃夫写了封信，说“大约一年前，我偶尔在《彼得堡报》上读到您的小说，它的题名现在我已经想不起来，我只记得：使我感到震惊的是它那与众不同的特征，主要的是在人物描写和景物描写方面那种卓越的忠实和真切。……我相信，您有天赋，足以写出一些优美的真正艺术作品。如果您不能证明这样的期待，您将犯一个严重的错误。为了这个最重要的是：尊重您的难得的天赋。请丢开那种赶时间的写作吧。……”

格利戈罗维奇的来信，使年轻的契诃夫有一种受宠若惊的感觉。两个星期之后，契诃夫的惊喜之情还流露在给他叔父的一封信中。这封信先写到苏沃林是如何优待他：“我现在为最大的一家彼得堡的报纸——《新时报》写作。稿酬是一行12戈比。昨天我从这家报纸以不大的三个短篇得到了232个卢布。太好了！我简直不相信自己的眼睛。而我给小小的《彼得堡报》写四个短篇才能拿到100卢布。”接着，契诃夫笔锋一转：

青年时代的契诃夫

> 但这还并不重要，下边要说的更重要。俄罗斯有个大作家德·格利戈罗维奇，他的照片，

您可以在家里的《现代名人》那本书里找到。我跟他素不相识，可是前不久我突然接到他写来的一封信，信纸有一又二分之一印张那么长。格利戈罗维奇是个非常受人尊敬而且享有盛誉的人，所以您想象得到我那种愉快的惊奇是什么样子了！我给您抄录他信中的一段话："您有真正的天赋，这种天赋可以使您从新一代的作家群中脱颖而出……我已经年过65岁了；但我依然保持着对于文学的热爱，依然关注着它的成就，当我发现什么新鲜的天才时，我就高兴，您瞧，我现在也要迫不及待地向您伸出双手……您什么时候有机会到彼得堡来，我希望能见到您，而现在我只能在不见面的情况下拥抱您！！"信很长，我没有工夫把信全抄下来，等我们日后见面，我会给您念一遍的……

契诃夫收到格利戈罗维奇的信之后，立刻于1886年3月28日写了回信：

我亲爱的、深深敬爱的佳音使者，您的来信像闪电一样震动了我。我激动得几乎要哭泣，现在我的心灵也还不能平静。我不知该说些什么和做些什么来报答您，就像您抚慰了我的青春，但愿上帝安慰您的晚年。……如果我有什么值得尊重的才赋，那么我要向您的纯洁的心灵忏悔：我自己一直不尊重自己的才赋。我感觉到我是有才赋的，但我已习惯于把它看得微不足道。要使一个人对自己不公正，要使他怀疑和不信任自己，只要有一些纯粹的外部原因就足够了……在莫斯科我有数百个熟人，其中一二十个人从事写作，我想不起其中有谁读过我作品并认为我是个艺术家。莫斯科有个所谓的"文学小组"，不同年龄的形形色色的庸才们每周一次在一家饭店的包厢聚会高谈阔论。如果我到他们那儿哪怕读一段您的这封来信，他们准会一起来嘲弄我的。……我之所以写这一切，只是想在您面前对自己的严重过失稍作申辩。从前我对待我的文学写作一直极其轻率、马虎。我不记得，哪一个作品是我花了一昼夜以上的时间写成的。而您很欣赏的那篇《猎人》是我在洗澡间里一挥而就的！就像记者们写火灾报导那样，我随随便便地、机械地写我的短篇小说，对读者和自己都不负责任……

最早促使我自我检查的是苏沃林的一封很热情的信，我以为他写得很真诚。我开始打算写点有价值的东西，但我对自己在文学创作上的潜力依然没有信心。

现在您的信突然出现在我面前。请原谅我打个比方，您的来信对于我的作用就像是省长的“24 小时之内务必出城”的命令一样，这就是说，我突然感到了必须赶紧行动，尽快从陷下去的地方跳出来……

我把希望寄托于未来。我还只有 26 岁，也许，我还来得及做点什么事情来，虽说时光很快地在飞逝。

请您原谅我，给您写了这么一封长信……您如此亲切地对待我，使我无比激动不安，以致我觉得，我要写给您的不该是一张信纸，而应该是整整一令纸。祝您健康幸福，请相信我的一片真诚，我深深地尊敬您和感激您。

安·契诃夫

在所有契诃夫写的书信中，这封写给格里戈罗维奇的信是与众不同的。信中洋溢着的感恩戴德的情感当然也可以理解。格里戈罗维奇 40 年代曾给别林斯基主笔的《现代人》杂志写过文章，与屠格涅夫、陀思妥耶夫斯基等作家都有交往，在初登文坛的年方 26 岁的契诃夫眼里，是个高不可攀的文学前辈。现在，这个文学前辈关心起自己的创作而且真诚地赞扬自己的文学才赋，这怎么能不让青年契诃夫产生受宠若惊的感觉呢？而且，格里戈罗维奇对于契诃夫的开导也是很及时的。这位老前辈希望契诃夫尊重自己的才赋，要提高创作的责任感，不要匆忙地写作，让自己的作品变得更有分量。契诃夫完全接受了格里戈罗维奇的开导，而且把它们变成自己的想法。

很能说明问题的是，就在给格里戈罗维奇写过信后不久，契诃夫给当画家的哥哥尼古拉写了封长信。信里说到有教养的人的八项条件。其中也涉及了人的天赋。契诃夫说："他们不匆忙……真正有天赋的人都坐在暗处，与大众为伍，远离嚣尘。"他又说："如果他们有天赋，那就要尊重自己的天赋。为了这天赋，他们宁可牺牲安宁、女人和美酒。"昨天，格里戈罗维奇教导契诃夫"要尊重自己的天赋"，第二天，契诃夫就把文学前辈的这个教导移赠给哥哥尼古拉了。

更能说明问题的是，契诃夫用实际行动兑现了格里戈罗维奇的"不要匆忙"写作的嘱咐。从 1886 年开始，契诃夫用在文学创作上的时间并没有减少，但他的作品数量却出现了逐年下降的趋势——1885 年契诃夫共写作 129 篇作品，1886 年就下降为 112 篇，1887 年便锐减为 66 篇，而 1888 年契诃夫只写了 12 篇作品。

正是在契诃夫处于创作大转折的 1886 年，契诃夫结识了俄国著名作家柯罗连科（1853—1921）。我们从柯罗连科后来写成的回忆录中，可以看到处于转折过程中的青年契诃夫的风采：

> 在不久之前还是《花絮》的无忧无虑的撰稿人契诃夫的脸上，出现了某种特殊的表情，这种表情在从前会被称作"光荣的最初的闪光"。

而契诃夫在一封写给柯罗连科的信中却说："您是个了不起的作家，

即便是您的缺点也不易发现。比如，我直到最后才发现您的作品不关注女性。”

不过，契诃夫在作品中关注女性，也正是从 1886 年开始的，这年他发表了一篇童话般的小说《玩笑》，抒情地描写一个名叫纳嘉的少女，如何为了在风中听到“纳嘉，我爱你”这声神秘的呼唤，冒死坐着雪橇从山顶向深渊滑去……

《苦恼》的价值

写久了幽默小品，契诃夫自己也意识到必须在创作上开拓新路。契诃夫有一次对一个朋友说：“我来给您讲讲我自己：如果我停留在最初的幽默小品的阶级，那么人们便不会把我看成个作家。契洪特！小笑话小集锦！人们会以为这就是我的全部！严肃的作家们会议论说：‘他不是我们的同行，因为他就会说笑话！在我们这个时代怎么能一味地说笑话呢？’”

从1886年开始，契诃夫明显地“严肃”起来了。1886年是契诃夫文学创作道路上的一个转折点。这一年尽管契诃夫还在以“安东沙·契洪特”的笔名发表作品，但人们发现，先前乐天地编写幽默故事的契洪特正在变成忧伤地咀嚼人生苦痛的契诃夫，显示这一转折的关键之作是发表于1886年初的《苦恼》。

《苦恼》的标题下有句题词：“我向谁诉说我的痛苦？”契诃夫难得给自己的作品加题词，这就更加显示出这句题词的分量。

《苦恼》的地理背景是俄国的首善之区——彼得堡街头。时值隆冬，暮色晦暗，湿雪飘飞。车夫姚纳·帕塔波夫伛着身子，一动不动地坐在车座上，瘦骨嶙峋的小母马也一动不动地呆立着，被遗忘在“这个五光十色、喧闹不休、川流不息的漩涡中”。

开头的这段环境描写，先写出了车夫姚纳在茫茫人海中的孤独。姚纳的儿子刚死不久，他需要把心中的苦恼向人诉说。小说的主要内容也就是姚纳四次想向别人诉说苦恼而均告失败的过程。

姚纳碰上的第一个乘客是一位要到维堡区去的军人。在赶车的过程中车夫抓住机会想向这个军人诉说诉说自己的苦恼，但他刚刚说过“老爷，我的儿子……这个星期死了”，他“在医院里躺了三天就死了……”乘客就不耐烦地朝他吼道：“赶车走吧，走吧……照这样我们明天都到不了。”车夫只好住嘴。此后他有好几回转过身去看军官，可是军官闭着眼睛，分明不愿意再听了。姚纳终于没有能把心头的苦痛向这位军人倾诉。

姚纳拉到的第二批主顾是三个夜游的青年人——“两个长得又高又瘦，另一个是个矮子，还有点驼背。”三个年轻人坐在车上不住地胡说八道，姚纳“等到他们的谈话有了一个短短的停顿”，便赶紧插进一句话：“这个星期，我儿子死了。”不料那个矮个子青年打断了他的话头：“谁都会死的……快走！快走！先生们，我绝对不能再这样赶路了！”姚纳想说一说他儿子是怎么死的，但这三个青年人像那个军人一样地对他的苦恼无动于衷。

送走了三个青年人之后，车夫又遇到了一个他以为可以倾吐衷肠的对象：

> 姚纳看见一个看门护院的仆人，手里拿着纸袋子，就决定去和他说说话。
>
> “亲爱的，现在几点啦？”他问。
>
> “九点多……你把马车停在里干做什么？走开！……”
>
> 姚纳把马车挪走了几步，弯下腰去，任凭苦恼把自己包络住……他知道向别人诉说已经没有用处……

第三次碰壁之后，姚纳还没有完全泄气，他看到“墙角里，有一个年轻的车夫爬起来……伸手去拎水桶”。姚纳连忙走过去与他搭讪，顺便带出了那句他已经说过好几次的开场白:“可,老弟,我的儿子死了……听到了吗？这个星期死在医院里……”姚纳满以为这个年轻的车夫会耐心听听同样是马车夫的他的苦恼，但是出乎他的意料之外，那年轻小伙已经盖上被子蒙着头，睡着了。

接下去契诃夫写了这样一段文字：“如同那年轻人想喝水那样，人要说话。儿子去世快一个星期了，但他还没跟什么人说过……应当从从容容、条理分明地说一说……应当说一说儿子怎样得的病，这病是怎么折磨他的，他在临死前说了些什么，他是怎么死的……”姚纳是那样地急于把这一切苦恼讲给什么人听，但竟然没有一个人愿意听，于是，姚纳只好喃喃地把这一切说给了那匹小母马听。小说最后写道：“小母马嚼着干草，倾听着，朝着自己主人的手上喷着热气……姚纳讲得出了神，把所有要说的话，统统讲给了它听……”

《苦恼》的结尾意味深长。当人不能与自己的同类进行交流，人便不得不从异类中寻找交流的对象。还有一点需要指出的是，契诃夫在《苦恼》中通过对于一个马车夫姚纳的“苦恼”的描述，对人类的苦恼作了概括性的描述。契诃夫在这里苦苦思索的是深层次的人生困顿，因此他在解释造成小说人物的苦恼的前因后果时，并没有把社会不公与阶级对立放在主要的地位。对车夫姚纳的苦恼漠然置之的不仅有那个军官，有那三个游手好闲的青年，而且还有同样属于劳动阶层的那个看门人和那个青年车夫。契诃夫在为《苦恼》选择“我向谁诉说我的痛苦？”作题词时，似乎有意借助这句语出《旧约全书》的哀叹，把读者的思路引向对人生悲哀的更为概括的思考。

人生的最大的悲哀是什么？在《苦恼》这篇小说里，对这个问题的阐发基于两个并不能重合的视点——小说人物姚纳的视点和小说作者契诃夫的视点。

对于姚纳来说，儿子去世是苦恼，他的丧子之痛无人理会是苦恼，但更现实的苦恼是——拉了一天马车，“买燕麦的钱还没有挣回来”，他想，“这就是苦恼的原因。一个人要是能把自己的事情处理得井井有条……他自己不饿肚子，马儿也能吃饱，那他就永远会心平气和……”

契诃夫大概是带着苦涩写下姚纳的这段内心独白的。食不果腹的姚纳最现实的是吃饭问题，当他拉了一天马车竟然连“买燕麦的钱还没有挣回来”，他有理由认为“这就是苦恼的原因”。

但契诃夫的视点高于具体的“燕麦”之上。他在《苦恼》中一直在引导读者看到在茫茫人海中的一个孤独者的身影。小说在写到三个青年人冷漠地撇下姚纳“走进一个漆黑的门口”之后，有如下一段议论：“（姚纳的眼睛）痛苦地扫视着街道两旁来回穿梭的行人：在这上千的行人里哪怕找到一个愿意倾听他诉说的人吗？但人群在疾行，既看不见他这个人，也看不见他的烦恼……”

《苦恼》写的是人的孤独与人与人的隔膜。契诃夫提醒读者：人生的最大苦恼与其说是在于人人皆有苦恼，毋宁说是在于没有人理会别人的苦恼。

契诃夫写作《苦恼》之后，“苦恼”的题旨——人与人的隔膜，一直延伸在契诃夫的文学创作之中。只是随着生活积累与艺术功力的长进，这一题旨在契诃夫的创作中变得更为深蕴。这在契诃夫的戏剧创作中表现得尤其突出。在契诃夫的戏剧人物中虽然已经没有姚纳这样的穷苦人，虽然大都是不愁吃穿的知识分子。但他们照样苦恼着，而且他们的苦恼照样得不到别人的关心。他们各人都有各人的心事，人与人之间无法沟通。

契诃夫在《苦恼》中揭示的人生困顿，到了20世纪成了更为普遍的社会病态。鲁迅先生不也在他的小说《祝福》中揭露了人世间的冷漠与隔膜吗？

乍一看来，《祝福》中的祥林嫂要比《苦恼》中的姚纳的处境要好，她毕竟能把儿子怎么悲剧地被野狼吞食的“故事”一股脑儿地说出来，而且起初还能在鲁镇的居民中间产生一些效果：“男人听到这里，往往敛起笑容，没趣的走了开去”，女人们“还要陪出许多眼泪来”。但如果以为祥林嫂讲的遭了狼灾的故事赢得了鲁镇人的同情，那就错了。他们一开始耐着性子听祥林嫂讲那一段悲惨故事，是出于好奇与猎奇的心理，所以，“有些老女人没有在街头听到她的话，便特意寻来，要听她这一段悲剧的故事。直到她说到呜咽，她们也就一齐流下那停在眼角上的眼泪，叹息一番，满足的去了，一面还纷纷的评论着”。祥林嫂的丧子之痛一时间成了鲁镇人茶余饭后的谈资。但一当鲁镇人听熟了这个“悲惨的故事”，人们便表现出了令人吃惊的冷漠，“便是最慈悲的念佛的老太太们，眼里也再不见有一点泪的痕迹。后来全镇的人们几乎都能背诵她的话，一听到就烦厌得头痛”。他们对待讲述不幸故事的祥林嫂，或是取笑犹恐不尖刻，或是回避犹恐不及时。鲁迅最后用这样一段沉痛的文字结束了《祝福》中“哀莫大于隔膜”的描写：

> 她未必知道她的悲哀经大家咀嚼鉴赏了许多天，早已成为渣滓，只值得烦厌和唾弃；但从人们的笑影上，也仿佛觉得这又冷又尖，自己再没有开口的必要了。她单是一瞥他们，并不回答一句话。

实际上，祥林嫂的遭遇要比姚纳悲惨。《苦恼》只是写到人们没有理会姚纳的丧子的苦恼，而《祝福》进一步写到了人们把祥林嫂的悲哀“咀嚼鉴赏了”之后又加以“烦厌和唾弃”。那真是“又冷又尖”到令人战栗的隔膜啊！

以 20 世纪的背景考察契诃夫在 19 世纪 80 年代中期写的《苦恼》，是会对 1886 年的契诃夫达到的高度有新的认识的。随着 20 世纪科学文明与物质生产的发展，人与人的隔膜也以一种“更文明”的方式在发展着。这种新时代的“隔膜”也普遍地反映到了新时代的文学中。因此，研究者们在研究文学中的“隔膜”问题时，还不免要想到契诃夫的《苦恼》，以为它就是这一主题的滥觞。有一位俄国评论家在分析《苦恼》的价值时，作了这么一段论述：

> 20世纪文学的重要主题——人的隔膜、隔绝、孤独的主题在卡夫卡、加谬等的作品中，将在多少较为有文化的人物身上得到体现，他们对周围环境的反应更为敏锐。契诃夫在下层人物的生活场景中捕捉到了这个涵盖一切的、具有全人类性的问题。姚纳的苦恼乃是具有全人类性的苦恼。

在《苦恼》里，契诃夫体验人生的“苦恼”，在同样也是1886年发表的《怕》里，契诃夫便体验了恐惧。

《怕》以第一人称叙述。小说是这样开头的：

> 我在世界上生活了这许多岁月，其间只害怕过三次。
>
> 头一次真正的恐惧，虽然使得我毛发直竖，周身起鸡皮疙瘩，不过讲到原因，却是由一个微不足道而又奇怪的现象引起的。

请注意：《怕》里的第一人称的“我”感受到的恐惧，来源于“一个微不足道而又奇怪的现象”。说来奇怪，契诃夫的“我”的头一次真正的恐惧，是由一个莫名其妙的灯光引起的。请看契诃夫的原原本本的叙述：

> 有一次，那是七月间一天傍晚，我闲着没事做，到邮车的车站去取报纸。那是个平静而温暖，几乎可以说是闷热的傍晚，七月间那些单调的傍晚都是这样的……太阳早已落下去了，整个大地上铺开密实的灰色阴影。停滞不动的空气里充满了青草

和鲜花像蜜糖那样的甜香。

我坐着一辆普通的运货大车。我的背后是花匠的儿子巴希卡，一个八岁的男孩，他把头枕在燕麦袋子上，轻声打鼾，我带他来是准备在必要的时候要他看守马匹的。我们走过一条狭窄而又像尺那么直的乡间土道，它如同火蛇那样掩藏在又高又密的黑麦中间。傍晚的霞光正黯淡下去。一条明亮的光带被一块狭窄而难看的云截断，那块云时而像一条木船，时而又像一个裹着被子的人……

我赶着车子走了两三俄里[①]。在晚霞的苍白背景上，开始耸起一棵棵高大挺拔的杨树，杨树后面有一条河闪闪发光。我的面前，突然间，仿佛有谁施了魔法似的，展开一幅瑰丽的画面。这时候我得勒住马，因为我们那条笔直的路在这儿中断，要顺着长满灌木的陡坡往下走了。我们站在坡上，下边，我们的底下，是一块巨大的洼地。宽广而又充满昏光和奇形怪状的东西。在洼地底部，一片广阔的平原上，有个林子，由杨树守卫，被河水泛滥的亮光抚爱着。它现在睡熟了……它那些小木房、带钟楼的教堂、树木，在灰色的昏光中隐约露出轮廓，倒映在平滑的河面上，乌黑一片……

我牵着马走下坡去，眼睛瞧着村子，我头一眼看过去，就有一种奇怪的情景引起我的注意：钟楼最高一层上，在楼顶和铜钟之间一个极小的窗子里，有个亮光在闪烁。这个亮光近似快要熄灭的长明灯：时而暗下去，时而又亮起来。它会是从哪儿来的呢？我无法理解它的来源。它不可能在窗子里燃亮，因为钟楼的最高一层既没有圣像，也没有长明灯，据我所知，那儿只有房梁、尘土、蛛网。要爬上那层楼是困难的，因为楼的

① 1 公里 =0.937 俄里

通道已经封死了。

这个亮光多半是外界的光的反照，然而不管我怎样凝神细看，在我面前铺开的广大空间中，除了这个亮光以外，却看不见什么明亮的光点。月亮还没出来。苍白的、已经完全黯淡的一抹晚霞不可能反照到那儿去，因为有亮光的窗子是朝西而不是朝东的。我牵着马下坡的一路上，这种想法和其他类似的想法在我的头脑里不住翻腾。到了底下，我坐上大车，再对亮光那边看上一眼。它仍然时隐时现。

“奇怪，”我猜不出所以然来，暗自想道，“奇怪得很。”一种不愉快的感觉渐渐涌上我的心头。起初我以为这是因为我无法解释这种普通的现象而生出烦恼，可是后来我忽然惊恐地扭转身避开那个亮光，伸出一只手去抓住巴希卡，我这才明白：我害怕了……孤独、苦恼、恐怖的心情抓紧了我，仿佛有人违背我的心意，把我抛进这个充满昏光的大洼地，使我独自一人面对钟楼，而它却用那只红眼睛瞅着我。

……

“愚蠢！”我对自己说。“这个现象所以可怕，无非是因为无法理解而已……大凡无法理解的东西都神秘，因而也就可怕。”

我竭力说服自己，同时又用鞭子不断抽马。我到达车站，故意跟站长闲聊一个钟头，看了两三份报纸，可是不安的心情仍然没有离开我。在回去的路上，那个亮光却已经不在了，可是另一方面，那些农舍、杨树、我赶车上去的那道斜坡的轮廓，在我心目中却像是活的东西。至于那个亮光究竟是怎么来的，我至今都不知道。

在契诃夫这篇小说的景物描写里，颇有点印象主义的味道，有些神秘主义的色彩。钟楼上的神秘的灯光给小说中的“我”带来了恐惧。因为大凡神秘的东西都无法理喻，因此也让人觉得可怕。契诃夫想告诉读者，恐惧的由来不一定非得遇到杀人越货的血腥事件，也不一定非得碰上天灾人祸，恐惧完全可能来源于我们对于日常生活的迷茫。

几年之后，契诃夫又回到了这个话题，他写作了一篇题名《恐惧》（1892）的小说，再一次讲到了“可怕的东西就是不能理解的东西”的道理，不过契诃夫在申述这个道理时，进一步把这个道理人生哲理化了。《恐惧》中的小说人物简直是像个既有社会批判精神，也有自我反省意识的知识分子。请看他是怎么在人们的日常琐事中间发现“恐惧”的：

> 我觉得什么都可怕。我天生是个思想不深刻的人，不大关心死后的世界和人类命运之类的问题，向来很少想到那些深奥的事。我觉得可怕的，主要是我们谁也躲不开的日常琐事。我没法分清我的行动当中哪些是真的，哪些是做假，这总使得我心慌。我体会到生活条件和教育把我限制在狭小、虚伪的圈子里，我的全部生活无非是天天费尽心机欺骗自己和别人，而且自己并不觉得。我想到我一直到死都摆脱不了这种虚伪，就心里害怕……

契诃夫从1886年在小说《怕》里开始体验与思考人的恐惧，他实际上也是在体验与思考一个最基本的人生哲理——我们究竟对世界有多少了解？契诃夫把这个沉重的思考带进了他的小说《灯火》（1888）里。《怕》里的钟楼上的引起小说主人公恐惧的神秘的灯光，到了《灯火》里引起了小说作者的一声长叹：“在这个世界上没有一件事弄得清楚。”

《灯火》发表之后不久，就有一个人出来对小说结尾的这声作者感叹提出异议。契诃夫回信给这位批评者说：“您关于我的《灯火》结尾的意见，我不敢苟同……我们不必不懂装懂，不如直接声明：在这个世界上没有一件事弄得清楚。只有傻瓜和骗子才什么都懂。”契诃夫还说：“写文章的人，特别是艺术家，应该承认在这个世界上没有一件事弄得清楚，就像苏格拉底当年曾经承认的那样。”

契诃夫在这里，显然是想引证古希腊哲人柏拉图对话录中的《苏格拉底的申辩》。

公元前 399 年，在判处苏格拉底死刑的审判会上，苏格拉底为本人作了著名申辩。他说他之所以受人忌恨，以致必欲置他于死地，与一个昭示“苏格拉底是世上最智慧的”神谶有关。苏格拉底为了证明神谶有误，遂遍访他以为比自己更智慧的人，结果适得其反。因为苏格拉底发现，他自己的智慧的确要高过别人，因为他和别人一样的一无所知，但别人以不知为知，而苏格拉底以不知为不知。

契诃夫说他在小说《灯火》中“承认在这个世界上没有一件事弄得清楚”，就像当年苏格拉底曾经承认自己“一无所知”。《灯火》里照样有契诃夫对于景物的富有神秘色彩的印象主义描写：

> 我们爬上土堤，从高处俯视大地。二三十丈以外的陷坑啦，窟窿啦，土堆啦，消融在黑暗的夜色里；一个模糊的灯火在闪烁。在那个灯火的后面还有一个灯火，再过去，又是一个灯火，在百步开外的地方，并排有的两只红眼——大概是泥屋的窗子吧——这样的灯火，排成一长串，越远越密，也越模糊，顺着铁路线伸展到天边去，然后向左转了一个半圆，消失在远处的黑暗中。那些灯火一动不动。它们，和夜色的沉静，电线的悲歌，好像有什么共同的地方似的。仿佛有一种秘密蕴藏在土堤下，只有灯火，夜空和电线才能知道这秘密……

既然有那么多的人生秘密和宇宙秘密我们不得而知，那么何必不坦然承认我们的“不知”呢！何不像苏格拉底那样把承认自己的“不知”

视为胜人一筹的智慧呢？到了小说结尾处，长夜已过，灯火已灭，契诃夫把这个思想又结合着晨景的描写，冷静地强调了出来：

> 我想，这被阳光烧烤着的平原，这宽大无边的天空，远处泛着黑光的一片柞树林和雾一般的地平线，似乎都在告诉我们："这世界上没有一件事弄得清楚！"

阳光、平原、蓝天、森林等自然景观，在这里不是像通常的那样，告诉我们世界多么美丽，而是出乎意外地告诉我们"这世界上没有一件事弄得清楚"！

契诃夫为什么有这种想法，这种情绪？契诃夫似乎也在《灯火》中通过一个小说人物作了部分回答："只有俄罗斯人，思想和感觉跟随他们的平原、他们的森林、他们的雪地同样广大、无垠、忧郁，才会有那样的情绪。"

“草原”歌手

我们在上边已经提到，格里戈罗维奇 1886 年 3 月 25 日给契诃夫写的那封信里，曾希望契诃夫不要匆忙落笔，而是要沉下心来写有分量的作品。契诃夫把格里戈罗维奇的这个教诲完全落实到了 1888 年年初中篇小说《草原》的写作之中。1888 年 2 月 22 日，契诃夫写完《草原》之后给一个朋友写信感叹说：“我在《草原》上耗费了如此多的心血和精力，以致在相当长一个时间里我不能再干正经事。”也许正因为契诃夫觉得他写《草原》是对格里戈罗维奇的殷切期望的一种回应，因此，契诃夫在动笔写《草原》不久，便给恩师作了如下的通报：

> 我在写一个大东西。我已经写了两个多印张的纸，大概还要写三个印张。为了初次给大杂志投稿，我选择了很久没有人描写的草原。我描绘平原、蓝色的天边，牧羊人、犹太人、神父、晚间的雷雨、旅店、车队、草原的鸟……头一张饼不圆，但我并不泄气。我这个“草原百科全书”也许还有价值，也许，它能打开我的同龄人的眼睛，向他们展示，有多少美的宝藏尚未开掘，俄罗斯的艺术家还大有可为。如果我的这部中篇小说能让我的同行们想起已被他们忘记的草原，如果哪怕只有一个我草草勾勒的图景能给某一位诗人提供沉思的机会，那我也心

满意足了。

《草原》的确是一部能给有心的读者“提供沉思的机会”的大作品。契诃夫没有写过长篇小说。但中篇小说《草原》的开头颇有点长篇小说的气魄：

> 七月里一天清早，有一辆没有弹簧的、脱了皮的带篷马车走出某省的某县城，顺着驿路，一片响声地滚动着；像这种非常古老的马车，眼下在俄罗斯，只有商人的伙计、牲口贩子、不大宽裕的神甫才会乘坐了。车子稍稍一动就要吱吱嘎嘎地响一阵，车后挂着的桶也来闷声闷气地“帮腔”；单听这些声音，单看挂在脱皮的车身上的那些寒碜的碎皮子，就可以断定这辆车子已经老朽，随时会散成一片片了。

为什么说《草原》的开篇有点长篇小说的气魄呢？因为它多少能让人联想起果戈理的长篇小说《死魂灵》的开头：

> 在省会N市的一家旅馆门口，驶来了一辆相当漂亮的小型弹簧轻便折篷马车，乘坐这种马车的多半是单身汉：退伍的中校啦，上尉啦，拥有大约百把个农奴的地主啦，总而言之，一切被人叫作中等绅士的那些人……

相似是明显的，但不同更加明显。《死魂灵》里的马车“相当漂亮”、带着“小型弹簧”，乘坐的是“中等绅士”，而到了《草原》里，马车已经“没有弹簧、脱了皮”，乘坐的也都是“不大宽裕的”商人的伙计、牲口贩子、神甫之流。

契诃夫自己也意识到他的《草原》与果戈理有点瓜葛。1888年2月5日他在给一位俄国作家的信中不无幽默地写道：“我知道，果戈理在那个世界上会生我气的。在我们的文学中他是草原之王。我怀着善意闯入了他的领地……”也是在这封信里，契诃夫表述了他的一个艺术观念：“艺术家的全部精力应该贯注于两种力量：人和自然。”

契诃夫在创作《草原》时，就是全神贯注于“人和自然”这两种力量了。

在《草原》里，自然，即草原，不单单是作为人活动的背景存在的。这个草原被契诃夫拟人化后具有了自己的人格力量：

等到太阳开始西落，草原、群山、空气，受不了压迫，失去耐性，筋疲力尽，打算挣脱身上的枷锁了。出乎意外，一团蓬松的、灰白的云从山后露出来。它跟草原使了个眼色，仿佛在说：“我准备好啦”，天色就阴下来了。（第二章）

太阳刚刚下山，黑暗刚刚笼罩大地，白昼的烦闷就给忘记，一切全得到原谅，草原从它那辽阔的胸脯里轻松地吐出一口气。（第四章）

契诃夫在《草原》里的集中的风景描写有七处之多。最不能忽略的是第四段对于草原晚景的描写，因为这段描写已经伴随着作者的哲理思考，从而也联系到了整个小说的思想意蕴的提示：

于是，在唧唧的虫声中，在可疑的人影上，在古墓里，在蔚蓝的天空中，在月光里，在夜鸟的飞翔中，在你看见而且听见的一切东西里，你开始感到美的胜利、青春的朝气、力量的壮大、求生的热望；灵魂响应着可爱而庄严的故土的呼唤，一心想随着夜鸟一块儿在草原上空翱翔。在美的胜利中，在幸福的洋溢中，透露着紧张和愁苦，仿佛草原知道自己孤独，知道自己的财富和灵感对这世界来说白白荒废了，没有人用歌曲称颂它，也没有人需要它；在这欢乐的闹声中，人听见草原悲凉而无望地呼喊着：歌手啊！歌手啊！（第四章）

草原的美无人欣赏、无人歌唱，因而草原“孤独”，知道自己的美丽与财富“白白荒废了”。这是草原的悲剧。草原的悲剧来自人的悲剧。现在让我们看看，《草原》里活动着一些什么样的人。

《草原》有个副标题：“一个旅行的故事”。一个名叫叶果鲁希卡的9岁的孩子，跟着他的做生意的舅舅库兹米巧夫乘一辆马车穿行辽阔的草原，到一个小城去上学。同行的还有神甫赫利斯托佛尔。库兹米巧夫关心的是找到一个经常在草原上游荡的比他财富更多的瓦尔拉莫夫。瓦尔拉莫夫只是在第六章末尾出现了一次。此人一点不可爱。“他的外表尽管平常，可是处处，甚至他拿鞭子的气派，都表现了掌握着权力和经常称霸草原的感觉。”

瓦尔拉莫夫之所以能“称霸”草原，是因为他的钱财最多。驿店店主的弟弟所罗门关于这种人际关系的奥秘有过透彻的说明。他对来到驿店歇脚的库兹米巧夫和赫利斯托佛尔说：“我是哥哥的奴才；哥哥是客人的奴才；客人是瓦尔拉莫夫的奴才；要是我有一千万卢布，瓦尔拉莫夫就会做我的奴才。”

在这一个被商业利益所驱动的人群里，要算赫利斯托佛尔神甫最有文化了，但就是他也对草原的美景无动于衷。当五天的草原旅行完结之后，这位已经赚得了一笔钱的神甫是这样来谈论对这次草原旅行的感受的：“求求上帝拯救我们，万万别叫我们坐货车或者骑牛赶路了！上帝宽恕我们吧：走了又走，往前一看，总是一片草原，铺展开去，跟先前一样：看不见尽头！这不是旅行，简直是胡闹嘛。”（第八章）神甫尚且如此，就不必指望在这一群人当中会有什么别的人来欣赏草原、歌唱草原了。

《草原》表现的另一个人群是货车队的车夫们。叶果鲁希卡跟这个货车队相处了两天之后，发现“这些新朋友，尽管年龄和性格不同，却有一个使他们彼此相像的共同点：他们这些人过去都很好，现在都不好。”

这些人都是受了侮辱的、命运不济的人；这些苦命的车夫们要整日为自己的温饱操心，自然也不会有心思去欣赏草原的美色。

在这个车夫群中，最引人注目的，是长一头金色的卷发、身体十分强壮、有“捣乱鬼”诨号的迪莫夫。他一亮相，就让我们知道他无缘无故地、恶狠狠地打死了一条无害的小蛇。下边，小说对他又作了这样一番描写：

> 他扭动着肩膀，两手叉在腰上，说笑的声音比谁都响亮，看样子好像打算用一只手举起一个很重的东西，震惊全世界似的。他那狂放的、嘲弄的眼光在大道、货车、天空上溜来溜去，不肯停留在什么东西上，好像因为无事可做，很想找个人来一拳打死，或者找个东西来取笑一番似的。（第四章）

就像草原“白白荒废了”自己的美丽一样，这个最强壮的迪莫夫也“白白荒废了”自己的力量。草原的命运与人的命运在这儿得到了对应。但这种人与草原（自然）的对应是以它们之间互相疏远的不和谐为基调的。和美丽的草原能够和谐起来的只有那个陶醉在幸福之中的康斯坦丁。他新婚不久，新娘回娘家了，“她一走，我就到草原上来逛荡。我在家里待不住。”——他这样说。

他从一个篝火堆走到另一个篝火堆，为的是向陌生人诉说自己的幸福。这是小说里最亮的一个亮点。

小说的结尾也并不是乐观主义的。草原旅行结束了：叶果鲁希卡留在了准备上学的一个小城里。等到这个 9 岁的孩子看到舅舅和神甫已经离他而去，才感到：“这以前他所熟知的一切东西要随着这两个人一起像烟似的永远消失了；他周身发软，往小凳上一坐，用悲伤的泪珠迎接这个对他来说现在还刚刚开始的、不熟悉的新生活……这生活又会是什么样子的呢？”小说也就是以这段话结尾的。

“这生活又会是什么样子的呢？”这说的是叶果鲁希卡的即将开始的生活。这说的也是俄罗斯的命运。契诃夫在《草原》里的对于草原命运以及在草原上逛荡的人的命运的思考，最终落脚到了对祖国命运的思考。

《草原》刊登在彼得堡《北方公报》1888 年第 3 期上，一经发表，好评如潮。诗人普列谢耶夫很快把《草原》引起的轰动写信告诉契诃夫：“我贪婪地读完了这篇小说，一开始读就再也放不下。柯罗连科也是这样……这是多么的精妙，多么深邃的诗情……我听到了多少关于您的《草原》的美评！迦尔洵读了欣喜万状，一连读了两遍。”

1888 年 3 月中旬，契诃夫来到彼得堡之后，亲身经历了《草原》的轰动效应之后，不无自豪地写信给弟弟：“这里下着雪，很冷，不管我走到哪里，到处都有人在谈论《草原》。”

让契诃夫特别高兴的是，《草原》不仅得到了像谢德林、柯罗连科、迦尔洵这样的著名作家的赞赏，而且还得到了像柴科夫斯基（1840—1893）这样的大作曲家的赏识。这也是可以理解的。《草原》也许是俄国文学中最有音乐感的一部小说。小说第四章里契诃夫是这样抒情地描写了草原的交响：

> 在七月的黄昏和夜晚，鹌鹑和秧鸡已经不再叫唤，夜莺也不在树木丛生的峡谷里唱歌，花卉的香气也没有了，不过草原还是美丽，充满了生命。太阳刚刚下山，黑暗刚刚笼罩大地，白昼的烦闷就给忘记，一切全得到原谅，草原从它那辽阔的胸脯里轻松地吐出一口气。仿佛因为青草在黑暗里看不见自己的衰老似的，草地里升起一片快活而年轻的鸣叫声，这在白天是听不到的；嚯嚯声、吹哨声、搔爬声，总之草原的低音、中音、高音，混合成一种不断的、单调的闹声，在那种闹声里默想往事，忧郁悲伤，反而很舒服。单调的唧唧声跟催眠曲似的催人入睡；你坐着车，觉着自己就要睡着了，可是忽然不知从什么地方传

来一只没有睡着的鸟的短促而不安的叫声，或者听到一种来历不明的声音，像是谁在惊奇地喊叫："啊呀！啊呀！"然后睡意就又合上了你的眼皮。或者，你坐车走过一个峡谷，那儿生着灌木，就会听见一种被草原上的居民叫作"睡鸟"的鸟，对什么人叫道："我睡啦！我睡啦！我睡啦！"又听见另一种鸟在笑，或者发出歇斯底里的哭声——那是猫头鹰。它们究竟是为谁而叫，在这草原上究竟有谁听它们叫，那只有上帝才知道了，不过它们的叫声却含着很多的悲苦和怨艾……空气中有一股禾秸、枯草、迟开的花的香气，可是那香气浓重，甜腻，温柔。

柴科夫斯基读到的第一篇契诃夫小说，是 1887 年 4 月发表在《新时报》上的短篇小说《信》，这篇充满着人的恻隐之心的小说深深地打动了作曲家。1887 年 4 月 18 日，柴科夫斯基给他的弟弟写信说："昨天，契诃夫发表在《新时报》上的那篇小说深深地打动了我。他是个大天才，你说是不是？"为了弄清楚小说的作者，柴科夫斯基特地向一位与《新时报》经常打交道的音乐评论人了解情况，那位名叫伊凡诺夫的音乐评论人立即把他所了解的契诃夫的情况写信告诉了作曲家，信里还说："您对于他的才华的看法也正是我的看法，而且也是多数人的看法。他的小说引起了广泛关注，特别是得到了那些文化修养和审美趣味较高的人的欣赏。"

两个月之后，柴科夫斯基又在《新时报》上读到了契诃夫的另一篇短篇小说《幸福》。三个男人——两个牧人一个管家在草原上幻想幸福。而草原的天籁在契诃夫的笔下成了诗一般的交响：

困倦的、凝滞的空气已充满草原上夏夜所必有的单调的闹声；蟋蟀不断地唧唧叫，山鸡打鸣儿；小夜莺在两里外的峡谷里抖起嗓子唱歌——峡谷里，流着小溪，生长杨柳。

可以想见，当柴科夫斯基在 1888 年 5 月间读到《草原》之后会怎样地对契诃夫产生兴趣。伟大的作曲家产生了要见见这位天才作家的念头。契诃夫自然也想见见他十分敬重的大作曲家。在契诃夫的心目中，80 年代的柴科夫斯基，是俄国文化界中仅次于列夫·托尔斯泰的大人物。柴科夫斯基与契诃夫的第一次会面是在彼得堡的柴科夫斯基胞弟家里，时间是在 1888 年 12 月 13 日（或 14 日）。进入 1889 年，契诃夫与柴科夫斯基之间的友谊又有了发展。

1889 年 10 月，契诃夫准备出版小说集《忧郁的人》，契诃夫于 10 月 12 日给柴科夫斯基写信，说他准备把这个小说集奉献给作曲家。信是这样写的：

> 尊敬的彼得·伊里依奇！
>
> 这个月我准备出版一本新的小说集。尽管这些小说很单调、乏味，像秋天一样忧郁，艺术的元素和医学的元素混杂在一起，但这并没有让我失去向您提出一个诚恳请求的勇气：请允许我把这本小说集奉献给您。我非常想得到您的肯定的回答，因为，第一，这个奉献能让我得到很大的满足；第二，它能多少反映我对您的深深的敬意，这份敬意迫使我时时刻刻想念起您。……
>
> 您忠诚的安·契诃夫

柴科夫斯基接读契诃夫来信之后，立刻赶到契诃夫家里向作家表示感谢，随后又派专人给契诃夫送去签名的照片和一张便条，便条上写道：“附信送上我的一张照片，恳请把您的照片交给这位信差！我是否已经充分地表达了对于您的谢意？我觉得还不够，因此我还要对您说，我被您对于我的关心深深感动。”契诃夫见信立即把自己的照片签上名字交给柴科夫斯基的信差捎回，当然也附带写了封短信，信里写道：“我非常非常感动，彼得·伊里依奇，我深深地向您表示感谢。送上一张照片，一本书，如果我拥有太阳，我会把太阳也送给您的。您把烟盒丢在我这里了。我把它也奉还给您。烟盒里少了三支烟：被一个拉大提琴的，一个吹笛子的，一个教书的抽掉了。”第二天（10 月 15 日），契诃夫在一封写给苏沃林的信中还谈起了柴科夫斯基来访的事：“昨天柴科夫斯基到我家里来了，这让我兴奋不已：第一，他是个大人物；第二，我非常喜欢他的音乐，特别是喜欢他的歌剧《叶夫盖尼·奥涅金》。我想写歌剧剧本。”

同样的，柴科夫斯基也把自己的喜悦写信告诉了他的弟弟：“你想想，契诃夫写信给我说他要把一本新的小说集献给我。我已经去拜访他向他表达了谢意。我深感自豪，我非常高兴。”

柴科夫斯基在 1876 年见到了列夫·托尔斯泰之后，也表达过类似的自豪和喜悦：“我为他（即列夫·托尔斯泰）对于我的关注深感自豪。”但要知道列夫·托尔斯泰在 1876 年已经早早写出过史诗般的《战争与和平》，而 1889 年的契诃夫还是个年纪不到三十岁的青年作家。但我们从柴科夫斯基对于契诃夫的尊重态度上，也可以看出，由于《草原》的问世，契诃夫已经从青年作家中脱颖而出，成为俄罗斯文坛上的一颗新星。

与柴科夫斯基的友谊在契诃夫的创作中也留下了痕迹。

契诃夫最喜欢柴科夫斯基的歌剧《叶夫盖尼·奥涅金》。他在小说《散戏之后》（1892）里，让一个名叫娜佳的少女，在剧院里看过歌剧《叶夫盖尼·奥涅金》之后，改变了对于爱情的看法，于是“她的胸中无缘无故地涌起一股欢乐；起初那股欢乐还小，在她胸中滚动，像个皮球；后来变得巨大，宽阔像海浪一样翻腾。”

1903 年契诃夫创作剧本《樱桃园》。戏剧导演梅耶荷德写信给他说：“您的这个剧本很抽象，像柴科夫斯基的交响乐。”

萨哈林岛之行和欧洲之旅

《草原》的另一位欣赏者，是俄国作家迦尔洵（1855–1888）。鲁迅先生翻译过迦尔洵的小说，曾把他称为“在沙皇亚历山大三世政府的压迫之下……以一身来担人间苦的小说家。”“以一身来担人间苦”是个精神上不堪重负的痛苦。迦尔洵就在对契诃夫的《草原》发出赞叹之后不久，于 1888 年 4 月 5 日在一次神经错乱中自杀身亡了。这对契诃夫的震动很大，在迦尔洵之死的强烈刺激之下，契诃夫写作了短篇小说《神经错乱》。小说的主人公，法学系学生瓦西里耶夫的原型就是迦尔洵。小说就写瓦西里耶夫在一个晚上跟两个朋友到一条妓院街目睹了人间地狱之后的痛苦感受：“瓦西里耶夫从这闹吵吵的人群中挤出来，心灰意懒，战战兢兢，跟孩子似的；他觉着这个生疏的、他所不能理解的世界里的人仿佛在追他，打他，拿下流话骂他似的。”这痛苦是属于小说人物瓦西里耶夫的，当然也是属于迦尔洵的，但难道不也是属于写作追怀迦尔洵的《神经错乱》的契诃夫本人的?

1888 年下半年契诃夫的另一项重要工作是加工修改剧本《伊凡诺夫》。剧本的初稿完成于 1887 年秋天，同年 11 月还在莫斯科的科尔什剧院上演过。修改后的《伊凡诺夫》于 1889 年 1 月 31 日在彼得堡的亚历山大剧院首演。1888 年 12 月 30 日，契诃夫给苏沃林写了一封长信，谈论的主要内容就是《伊凡诺夫》的同名戏剧主人公。契诃夫在信中是这样向我们解释他的戏剧主人公的：

> 伊凡诺夫是个率真的人，他公开地对医生和观众说，他不能理解自己："我不理解，我不理解……"他不能理解自己也能从第三幕的那大段独白中看出，他与观众面对面地交心的时候，他甚至流了眼泪！发生在他身上的变化伤害了他的性格。他在自己的身外找原因，没有找到，于是开始在自己身上找原因，他仅仅找到了一种说不清道不明的负罪感。这是一种俄罗斯感觉。……伊凡诺夫时时刻刻谈论自己的某种罪过，每一个事故都能增强他的负罪感。在第一幕里他说："大概，我有严重罪过，但我的思想很混乱，我的灵魂被一种懒惰禁锢了，我无法理解自己……"在第二幕里他对莎霞说："白天和晚上，我的良心都在痛苦着，我感到我有罪，但我的罪过究竟是什么，我不知道……"

我们现在可以设想，当契诃夫为伊凡诺夫写这些戏剧台词的时候，他是否也在字里行间透露着自己的痛苦的心声。

19 世纪 80 年代的俄国，是个政治气候异常低沉的年代。随着暗杀亚历山大二世的"人民意志"党人的被判死刑，反对沙皇政权的革命运动跌进了低谷。契诃夫的心绪也很低沉。原先他想用幽默来战胜现实，而到 80 年代后期索性把苦恼与哀伤写进自己的作品里，而像《在黄昏里》、《忧郁的人》这样的书名，也正好反映了他的心中的忧郁。这时的契诃夫还试图从哲学中寻求解脱，他还有过一段对于列夫·托尔斯泰的道德自我完善学说的迷恋，但最终他还是站在现实生活的立场上，用文学作品对现实人生作切肤的痛苦思索。他把这种痛苦思索写进了《神经错乱》里，写进了《伊凡诺夫》里，也写进了发表于 1889 年秋天的中篇小说《没有意思的故事》里。

这篇小说的名字就让人奇怪。写小说怎么不写点有意思的故事呢？读过小说才知道，之所以是“没有意思的故事”，是因为这折磨人的生活“没有意思”。小说用第一人称的口吻描摹一位行将就木的老教授的复杂心态。这位名叫尼古拉·斯捷潘内奇的老教授一生献身科学，但最后悲观地认为“我活过的六十二年只应该算是白活”。最能体现小说题旨的，是老教授的那篇独白：

> 不管我怎样费力地想，也不管我把思路引到什么地方去，我清楚地觉得我的欲望里缺乏一种主要的、一种非常重大的东西。我对科学的喜爱、我要生活下去的欲望、我在一张陌生的床上的静坐、我想了解自己心意——凡是我根据种种事情所形成的思想、感情、概念，都缺乏一个共同点来把它们串联成一个整体。我的每一种思想和感情在我心中都是孤立存在的；凡是我对科学、戏剧、文学、学生所抱的见解，凡是我的想象力所画出来的小小画面，就连顶精细的分析家也不能从中找出叫做中心思想或者活人的神的那种东西来。可是如果缺乏这个，那就等于什么都没有。

契诃夫反对把《没有意思的故事》里的教授的思想与他的思想等同起来，然而，教授要探寻的那个“中心思想或者活人的神的那种东西”，分明也是契诃夫所要寻求的东西。他知道这种东西在他的周围是找不到的，他要远航。可以说，当契诃夫在《没有意思的故事》中给这位老教授设计这一大段独白的时候，他半年后的萨哈林岛之行的构想也已在他的脑海中成形。

促成契诃夫的萨哈林岛之行的另一个事件，是与他最亲近的二哥尼古拉在 1889 年 6 月的不幸逝世。尼古拉去世对于契诃夫的打击很大，这可以从1889年6月26日的一封书信中看出这一打击的严重程度："我这一生绝不会忘记泥泞的道路、灰色的天空、树枝上的泪水。我所以绝不会忘记这些，是因为早上从米尔哥洛特来了一个农民，他带来了一份湿润的电报：尼古拉病逝。"

萨哈林岛之行是契诃夫早在心中筹划好的"人生旅程"，哥哥尼古拉的去世只是促使他立即把这计划付诸实现，为的是尽快改变一下他已经难以忍受的生活环境。

契诃夫的急于要冲破生活的樊篱、奔向自由的大自然的激情，我们也能在他1890年之初写成的短篇小说《盗马贼》里找到踪影。小说的主人公，助理医生叶尔古诺夫在经历了生活的挫折之后，内心中发出了天问式的质疑："为什么世界上会有什么医生啦，助理医生啦，商人啦，农民啦，却不是光有自由的人？"是啊，天下有自由的鸟儿，有自由的野兽，但没有自由的人。这篇呼唤自由的小说发表于1900年4月1日。4月21日，契诃夫便踏上了行程一万俄里的旅行。

契诃夫坐火车离开莫斯科的时候，好多亲友都到车站送行，也都为他旅途顺利而祝福。旅行的头一阶段的确是很顺利的。契诃夫先坐火车到雅罗斯拉夫尔，然后顺着伏尔加河和卡姆河坐船到彼尔姆，再坐火车从彼尔姆到秋明，已是5月3日。从秋明到托姆斯克就改乘马车了。而从托姆斯克走到克拉斯诺雅尔斯克的长达500俄里的马车之旅是最最艰苦的，用契诃夫自己的话来说，"我不是坐在马车上走，而是在泥地里滚。"过了克拉斯诺雅尔斯克就进入了原始森林。那里既有炎热与烟尘，但也有美景与自由。完成了1566俄里的长途跋涉，到达伊尔库茨克的第二天，契诃夫在一封写给友人的信中讲述了他这一路上体验到的甜酸苦辣：

> 叶尼塞河，原始森林，驿站，马车夫，荒凉的大自然，野禽，路途艰难带来的肉体痛苦，沿途休息带来的精神欢乐，所有这一切加在一起是那么的美好，我简直无法加以描述。

过了伊尔库茨克，就能见到贝加尔湖的清澈的湖水了。他在贝尔加湖畔休息了两天，尽情欣赏了贝加尔湖的美景。1890 年 6 月 20 日，契诃夫坐在“叶尔马克”号轮船的头等舱里写了两封信。一封信里给他的西伯利亚的旅行作了个概括：“总的来说，从贝加尔湖开始了西伯利亚的诗文，而在贝加尔湖之前仅仅是散文。”另一封信里他对贝加尔湖地区的风光作了概括：“贝加尔湖地区真美。这是瑞士、顿河和芬兰之美的综合。”

1890 年 6 月 27 日是个特别值得纪念的日子，这一天契诃夫坐船漂流到了俄国布拉格维申斯克和中国古城瑷珲的这一段黑龙江江面。现在的布拉格维申斯克的靠江的广场上立着一个纪念石牌，上面刻着一行字：“1890 年 6 月 27 日安东·契诃夫曾在此地停留。”现在的瑷珲古城遗址纪念馆里也立着一尊契诃夫的石像。而 1890 年 6 月 27 日这一天，契诃夫在布拉格维申斯克，动情地在一封书信中描述了这一段航程的印象：

> 这就是阿穆尔河（即黑龙江）。悬崖，峭壁，森林，无数的野鸭以及各式各样叫不出名的长喙的精灵。荒无人烟。左岸是俄国，右岸是中国。中国与俄国一样是片蛮荒的土地，难得见到一个村落……我在阿穆尔河漂流一千多俄里了，欣赏到了如此多的美景，得到了如此多的享受，即使现在死去我也不觉得害怕了。……我爱上了阿穆尔河；甚至想在这儿住上两年。又美丽、又宽阔、又自由、又温暖。无论是在瑞士还是法国，都从来没有领略过这样的自由。

在漂流黑龙江的过程中，契诃夫也遇到了不少中国人。他称中国人是“最善良的人民”。他在书信中谈到了两次与中国人的交往。

一次是这么描述的：

当我邀请一位中国人到小卖部里喝白酒的时候，他在喝酒之前先把酒杯朝我，朝小卖部的店主与伙计们端过来，说：喝吧！这是中国的礼貌。他不是像我们一饮而尽，而是一小口一小口地喝，每喝一口都要吃点小菜。为了感谢我请他喝酒，他给了几枚中国钞币。非常客气的人民。

另一处是这样写的：

与我坐同一个船舱的，是个名叫宋柳利（音译）的中国人。他不断地告诉我说，在他们中国常常因为一件小事而“脑袋搬家”。

这个名叫宋柳利的中国人还在1890年7月1日契诃夫从尼古拉耶夫斯克寄给妹妹的信里，用中文写了句话。契诃夫在信的一开头就作了说明：这几个方块字是我的中国旅伴宋柳利写的，意思是说：“我正驶向尼古拉耶夫斯克。您好！”

1890年7月9日，契诃夫乘船驶入鞑靼海峡，两天后到达萨哈林岛首府亚历山德罗夫斯克，开始了为时三个月零两天的实地考察。契诃夫的主要工作就是逐个对岛上的居民进行调查登记，为此他专门准备了一万张卡片。1890年9月11日，当他乘坐“贝尔加”号轮船通过鞑靼海峡从萨哈林岛的北岛驶往南岛的时候，他给苏沃林写信谈了他在岛上的紧张的日常工作：

我不知道我能否成功，但我已经做了很多工作。所得资料可写三篇博士论文。我每天5点起床，很晚才上床睡觉，每天都处于极度紧张之中，生怕许多工作我干不完……顺便说一句，我有耐心把所有萨哈林岛上的居民都登记入册。我走遍所有的居民点和每个人谈了话；我依靠抄录卡片的办法，已经登记了

> 将近一万个流放犯人和移民。换句话说，萨哈林岛上没有一个没有与我交谈过的流放犯人和移民。我特别关注对儿童的登记，我对他们寄以希望。

在萨哈林岛度过的日日夜夜中，契诃夫在德尔宾斯基村度过的一个夜晚是令他终生难忘的。那个晚上他在一个货栈的小房间里留宿。他记录了一天的工作之后，熄灯上床睡觉。他刚要闭眼入睡，听到了一种什么声响。他留宿的货栈与监狱相邻。他以为可能会有监狱里的犯人跑出来找他。他下了床，点亮了灯。但不见人影。契诃夫又重新熄灯上床，可是那声响又传进了他的耳朵。契诃夫侧耳细听，终于捕捉到了“哎嘿，我的上帝！”这几个字眼。这是从隔壁牢房里传来的呻吟。契诃夫被这声近乎绝望的呻吟震撼了。他这时感到仿佛整个萨哈林岛都充满着“哎嘿，我的上帝”这声企求公正的呼唤。

当契诃夫刚刚出生的时候，陀思妥耶夫斯基写出了暴露俄国监狱黑暗的小说《死屋手记》。在这部小说的结尾，陀思妥耶夫斯基大声控诉道：“有多少青春被白白地埋葬在这堵狱墙之下，有多少伟大的力量被白白地毁灭在这里了啊！应该把一切实话都说出来。”后来契诃夫在《萨哈林岛游记》中，也写了一段直接牵涉到他对不幸的流放犯人的总体道德评价的话：

> 被流放的人，不管他有多少道德缺陷，有多么的不讲道理，他最珍视的是公正，而如果压在他们头上的那些人身上没有公正，他就一年一年地失去信仰，产生仇恨。由于这个原因流放地有多少悲观主义者，忧郁的老头，他们带着阴沉的脸色不停地议论他人，诉说不幸……

1890 年 10 月 13 日，契诃夫结束了在萨哈林岛上的三个月零两天的考察，乘“彼得堡”号海轮离开萨哈林岛，途经日本海、印度洋，然后进红海，通过苏伊士运河到君士坦丁堡，于 1890 年 12 月 1 日抵达俄国远东海港敖德萨。比起穿行西伯利亚的艰苦跋涉，这条归路简直是一趟充满异国情调的航海旅行。最快活的日子是在锡兰度过的。契诃夫称锡兰是人间天堂，说“在这个天堂里我坐了一百俄里的火车，尽情享受了棕榈树林和古铜肤色的女人。”

但在这为时一个半月的归途中，契诃夫也有刻骨铭心的痛苦记忆。在途经亚洲海岸的时候，船上有两个旅客死了。这两个死去的薄命人被包上帆布扔进了海里。在船上目击到的这个悲惨事件，在契诃夫的脑子里与在萨哈林岛上耳闻目睹的人间惨剧交织到了一起，触发了契诃夫的创作冲动。1890 年 11 月 12 日轮船停靠锡兰的科伦坡，契诃夫便构思创作了短篇小说《古塞夫》。这篇小说中也有两个病死在海船上后被扔进大海的人，其中一个就是小说主人公古塞夫。小说不厌其烦地描述了古塞夫的尸体扔进大海的经过：

> 他昏睡了两天，到第三天中午，有两个水手，把他抬出病房去……有一个船上的铁架子掉下来，惊走鲭鱼，打在鲨鱼身上……

古塞夫尸体投入大海的全过程，可以认为是契诃夫的目击实录，尸体投入大海之后如何被鲨鱼撕咬，恐怕就是作家的艺术想象了。但作家的艺术想象是由心灵震撼作为依托的。要知道契诃夫在小说里有“海没有感觉，也没有怜悯”的激愤之言，要知道契诃夫目睹轮船上的这幕惨剧之后曾在一封信中发出过这样的感叹：“当你看到被帆布包裹的死人旋转着抛入海水，当你想到这大海有几俄里深，你就会感到恐惧，不知为什么，我开始觉得我也要死去，我也会被抛入大海。”契诃夫写小说有一个特点，凄苦的小说的尾声往往多少有点亮色。比如在《神经错乱》的结尾契诃夫用了雪花，让白雪来掩盖人间的罪恶。当瓦西里耶夫走出这个人欲横流的所在，天空正飘着雪花。“在瓦西里耶夫的四周，细雪成团地旋转，落在他的胡子上，眉毛上，睫毛上……马车夫、马、行人全变白了。”

《古塞夫》的结尾则用了晚霞，让暖色调的景物描写来一扫读者心头可能出现的阴霾：

> 这当儿，上面，在太阳正要落下去的那片天空中，云朵正在聚拢来，一朵像是凯旋门，一朵像是狮子，一朵像是一把剪子……宽条条的绿色的亮光从云里钻出来，伸展到天空的正中；过一忽儿，又有一条紫色的躺在它旁边；再后，一条金色的，然后，一条粉红色的……天空变成了一片柔和的紫丁香色。瞧着这个华丽迷人的天空，海洋先是皱起眉头，可是不久它也现出温柔、爽朗、热情的颜色——在人类的语言中，要想给它找一个名字是困难的。

契诃夫没有写完《古塞夫》，就于 1890 年 12 月 8 日从敖德萨坐火车回到阔别半年多的莫斯科。回到莫斯科的第二天，契诃夫就给苏沃林写了封长信谈论这次远行的总体感受：“这个上帝的世界很好，只是我们不好。我们太缺少公正和宽容，我们对爱国主义的理解也是不对的。……主要的是要做个公正的人，其他的什么都好说。”过了一个星期，契诃夫又给苏沃林写信再次谈及萨哈林岛之行的感受：“当初您反对我到萨哈林去，您是大错特错了！……在去萨哈林之前《克里采夫奏鸣曲》（托尔斯泰的小说）对于我来说是个了不起的东西，而现在它让我感到可笑。也许是这次旅行使我更成熟了，也许是我脑子出了问题——只有鬼知道。”又过了五天，即 1890 年 12 月 23 日，契诃夫把从锡兰开始动笔回到莫斯科最终写完的小说《古塞夫》寄给了《新时报》主编苏沃林，随稿子还附了一封信告诉他自己身体出了毛病：“我咳嗽。心律不齐。”

除了身体不适之外，此时契诃夫的心情也很不好。归国之后最初的欣喜很快就消失了。敏感的他发现周遭有不少充满妒意与敌意的眼光包围着他。1891 年 1 月 14 日，契诃夫从彼得堡给妹妹写信吐露了心中的郁闷："我筋疲力尽了，就像一个刚刚跳完了五幕八场芭蕾舞剧的演员……有一种浓厚的恶意的气氛围着我，这种恶意形踪难辨，也让我无法理解。人们请我赴宴，向我高唱庸俗的赞歌，但同时又准备把我一口吞掉。为什么？只有鬼知道。如果我朝自己眼睛打枪，那么有十分之九的我所谓的朋友与崇拜者会因此得到很大满足。"

为了驱散心头的不快，契诃夫开始一门心思地挥笔写作。1891 年 2 月 5 日他写信给苏沃林说："我在写，我在写！老实说，开始我还害怕萨哈林之行会不会荒疏了我的写作技能，现在看来，这是多虑，我写得很多，写得很痛快。"

契诃夫当时正在埋头写作的是中篇小说《决斗》。但小说还未写完，苏沃林就来邀请他一起去欧洲旅行，契诃夫欣然接受了邀请，于 1891 年 3 月 17 日随苏沃林父子作第一次欧洲旅行，先后游览了维也纳、威尼斯、佛罗伦萨、热那亚、罗马、蒙特卡罗和巴黎，5 月 2 日返回莫斯科。

契诃夫在旅行的过程中每到一地都有书信记录他的行踪与观感。在临出国的前夜——3 月 16 日晚，契诃夫在彼得堡观看了由意大利著名女演员杜丝（1858—1924）主演的莎士比亚名剧《克莉奥佩特拉》，对杜丝赞不绝口。3 月 20 日契诃夫在维也纳写信给妹妹，描述维也纳市容给予他的强烈印象："街道很宽很美，有很多街心花园，两旁都是六层或七层的楼房，而商店简直不是商店，而是让人头昏目眩的幻想！……一切都很精妙，只是到了昨天和今天，我才明白雕塑的确是艺术。"

1891 年 3 月 24 日发自威尼斯的信，追述他在水城威尼斯的游船刚朵拉上泛舟的奇妙感受：

> 噢，夜晚！我的上帝！奇妙的夜晚能使你心脏停止跳动。你坐在康朵拉上行进……温暖、宁静、星星……威尼斯没有马，所以这里宁静得像是在郊野……有一只康朵拉飘浮着，上边挂了几盏灯。船上坐着几个拉提琴的，弹吉他的，弹曼陀拉琴的，还有二三位女士，几位先生，你就听他们的演唱与演奏。唱的是歌剧片断。好极了的嗓子！

欧洲之行给予契诃夫的印象与萨哈林岛之行给予他的印象形成了强烈的反差。眼前的富足与自由的欧洲更让他痛感到俄罗斯祖国的贫困与不自由，他情不自禁地在一封从威尼斯写给弟弟的信中发出感叹道：

> 一个贫穷的、受压迫的俄罗斯人，到了这个美丽、富足和自由的世界，很容易发疯的，真想永远留在这里，而当你站在教堂里倾听管风琴的奏鸣，你就想当个天主教徒。

“真想永远留在这里”，只是说说罢了的，1891 年 4 月 27 日，当他在巴黎给弟弟写信的时候，就表示“已经厌倦旅行了，想回家工作”。然而，经过了这次欧洲之行后，契诃夫的宗教情怀逐渐显露了出来。1894 年，他写作了一篇由一个圣经故事编织出来的短篇小说《大学生》。

《大学生》的篇幅不长，情节也很简单。

神学院的大学生伊凡打猎归来，正赶上“有一股冷冽刺骨的风从东方刮来”，“他觉得这种突如其来的寒冷破坏了万物的秩序与和谐”，大学生伊凡的情绪和天气一样的清冷、幽暗。

但当他走到“寡妇菜园”的篝火旁，在寡妇瓦西丽萨和她的女儿卢基利娅面前讲起《圣经》里耶稣受难、彼得痛哭的故事时，出现了意想不到的效果：“瓦西丽萨虽然仍旧赔着笑脸，却忽然哽咽一声，大颗的泪珠接连不断地从她的脸上流下来，她用衣袖遮着脸，想挡住火光，似乎在为自己的眼泪害臊似的；而卢基利娅呆望着大学生，涨红脸，神情沉闷而紧张，像是一个隐忍着剧烈痛苦的人。”

由此，大学生伊凡想到：“既然瓦西丽萨哭，她的女儿也难过，那么显然，刚才他所讲的一千九百年前发生过的事就跟现在、跟这两个女人，大概也跟这个荒凉的村子有关系，而且跟他自己，跟一切人都有关系。”

这样的联想，最终产生的是乐观主义。一千九百年前的耶稣及其门徒的高尚的磨难能为今天的村妇感动。这说明“真理和美过去……指导过人的生活，而且至今一直连续不断地指导着生活”，于是，“青春，健康，力量的感觉”顿时充溢于这位刚满 22 岁的大学生的胸间，“于是生活依他看来，显得美妙、神奇，充满高尚的意义了。”

契诃夫的 90 年代的作品与 80 年代的作品有所不同。80 年代的作品的调子要悒郁得多。而像在《大学生》这样的 90 年代的作品里，我们已经感受到情绪的跳跃。

在《大学生》这个篇幅不大的短篇小说里，契诃夫把一个大学生从忧郁到欢畅的情绪变化写得合情合理、自然而然。

《大学生》富有人生哲理，作者巧妙地把旷野的自然景观镶嵌在历史的长河里。让被寒风吹得指头冻僵的大学生心里暗想：“不论在留里克的时代也好，在伊凡雷帝的时代也好，在彼得大帝的时代也好，都刮过这样的风……”进而在悲凉的外景中，让灵魂里忽然掀起欢乐，进而意识到人类历史“是由连绵不断、前呼后应的一长串事件联系在一起的。”历史就好比一条链子，“只要碰碰这一头，那一头就会颤动。”

契诃夫对《大学生》有所偏爱，可能也因为它可以说明作者本人的精神本质——在忧郁的外表下，跳跃着一颗火热的心，所以契诃夫曾说：“我算是什么忧郁的人？我算是什么冷血的人？批评家都是这样称呼我的。我算是什么悲观主义者？要知道在我自己的作品中我最喜爱的短篇小说就是《大学生》。”

契诃夫的欧洲之行的体验也反映到了几年之后写作的剧本《海鸥》中一段人物对话里：

麦德维坚科　那么，外国哪个城市您最喜欢？

多恩　热那亚。

特里波列夫　为什么是热那亚？

多恩　在那儿街上的人流妙极了。到了晚上，你走出旅馆，只见满街都是行人。然后，你漫无目的地投入到这个人流之中，沿着弯弯曲曲的路线，东倒西歪，川流不息。你和这个人流共同呼吸，你在精神上和它融合在一起。这时你才相信，一种共同的世界灵魂确实是可能存在的……

从寻找中心思想开始发展到寻求共同的世界灵魂，以萨哈林岛之行与欧洲之旅为契机，契诃夫的精神追求达到了一个新境界。

乡居生活

1891 年 5 月初从国外旅行归来不久，契诃夫就到乡间别墅一门心思地从事写作了。

1891 年 5 月 7 日，契诃夫在阿历克辛的别墅一住下，就给苏沃林写信报告他租来的新居的情况：

> 森兹拉诺－甫雅捷姆斯基铁路的阿历克辛车站。这就是我的地址。是车站，不是城市，因为我住在车站附近，信件都由车站站长亲手交给我。
>
> 别墅还不错。森林，奥卡河，荒野，温暖，夜莺歌唱，等等，很安静。如果天气不好，这里就很枯燥。从国外旅游归来再过这乡间别墅的生活显得有些乏味，就好比我被人俘虏之后关进了一个城堡。但尽管如此，我还是感到满意。

为什么契诃夫感到满意呢？因为在这里他可以脱离嚣尘，亲近大自然，可以全身心地投身到创作中去。1891 年 5 月 10 日，契诃夫再次给苏沃林写信介绍他的工作情况：

> 每星期一、星期二和星期三，我写有关萨哈林岛的书，其他日子写小说，而在星期日写短篇小说。我工作得很投入，但

遗憾的是家里人口太多，我这个写东西的人像一只虾与其他的虾困在一个笼子里：挤！……我还不想结婚。我现在愿意像个秃顶的小老头儿似的坐在一个很好的书房里的一张大书桌旁。

契诃夫（前排右一）与家人和朋友们在一起。

从这封信里可以了解到，契诃夫回国之后到乡间别墅主要赶写两个东西，一个是《萨哈林岛游记》，另一个是在出国之前就动笔写的中篇小说《决斗》。《萨哈林岛游记》是项大工程，一时难以完成；《决斗》终于在1891年的8月中旬完稿。但《决斗》写得也是很苦的。契诃夫在1891年8月18日写给苏沃林的信里说："小说有四个多印张。这是可怕的。我精疲力尽了。写到最后我就好像是拖着一辆载重马车在秋天夜晚的泥泞中行进。一步一停顿地走着，所以迟到了。"

用手枪的互射进行决斗，这是《决斗》里的情节高潮，但也是19世纪俄罗斯文学的一个永恒话题，普希金和莱蒙托夫不仅在自己的作品中写过决斗，而且这两位诗人也都是死于决斗的。但契诃夫的《决斗》写的是决斗的最终让位于和解。小说里的那个名叫波别多夫的教堂执事用他的执着的呼吁，制止了这一场光天化日之下的公开杀戮。两个原先要拼死决斗的"仇敌"，都没有用手枪击中对方而在小说结尾的时候终于化解了敌意。写《决斗》写得"精疲力尽"的契诃夫，正是在写到小说结尾的时候，通过小说主人公拉耶夫斯基的思绪，说出了契诃夫对生活的思考："海浪把船抛回来了，它进两步，退一步。可是船夫固执，他们不停地划桨，不怕高浪，船一步步向前进……生活也是这样……寻求真理的时候，人也进两步，退一步。痛苦啦，错误啦，对生活的厌倦啦会把他们抛回来，可是寻求真理的热望和固执的毅力推动着他们不断前进。谁知道呢？也许，人终于会达到真正的真理……"

写完《决斗》之后，契诃夫从别人的乡间别墅回到了莫斯科。从1891年9月到这年的年底，契诃夫一直在想着自己买一处庄园，离开莫斯科搬到农村去过乡居生活，他对城市生活的不满情绪一再流露在他的书信中。

> 唉，朋友，多么苦闷啊！如果我是个医生，我就需要病人和医院；如果我是个文学家，我就需要生活在人民中间，而不是同一只小獴住在小德米特洛夫卡。需要有一点儿社会生活和政治生活，哪怕有一点点也好，而现在这种关在四堵墙里的，

脱离大自然，脱离人群和祖国的，没有健康与食欲的生活——这根本不是生活……

——1891 年 10 月 19 日致苏沃林信

一旦将来我在外省生活（关于这个，我现在日夜都在思念），我就要行医和读长篇小说。

——1891 年 10 月 25 日致苏沃林信

哎嘿，自由，自由！如果做到一年的花销不超过两千卢布，就只能住到乡下去，到那时我就可以完全摆脱金钱的考虑。那时我就要工作和读书了。而生活会像果酱一样甜蜜了！

——1891 年 11 月 22 日致苏沃林信

已经下了决心：从莫斯科滚出去！我让玛霞（契诃夫的妹妹）全权处理，哪怕到大自然去置一个狗窝。

——1891 年 12 月 14 日致李特瓦列娃信

两个月之后，妹妹玛霞不辱使命，替哥哥在离莫斯科约七十俄里的一个名叫梅里霍沃的地方，买了一处庄园，坐火车到莫斯科只需两个多小时。1892 年 2 月 23 日，契诃夫在给哥哥亚历山大的信里，首次介绍了刚刚购得的这处庄园的情况：“现在你注意……我在谢尔普霍夫果买下了一处庄园，离洛帕斯尼火车站只有 9 俄里的路程。你感觉一下：共有 213 俄亩[①]，其中 160 俄亩是森林，两个水塘，一条小河，一座新屋，一个果园……所有这一切是花 13000 卢布购得的。”

1892 年 3 月 2 日，契诃夫写信告诉苏沃林他“买了一大堆药品”，他还想买架显微镜，“要好好地从事一番医学工作。”3 月 3 日契诃夫又给苏沃林写信诉说他即将离开莫斯科的喜悦：“我是多么高兴，不必再在莫斯科当寓公！这是我一辈子也没有得到的便当。”

① 1 俄亩 =1.09 公顷

1892年3月4日，契诃夫移居梅里霍沃。第二天（3月5日），契诃夫就以幽默的口吻写信给弟弟伊凡下达命令："给我捎个刨子、马刷子、半普特牛肉（要臀部的肉），20普特黑麦面包……"第三天（3月6日），契诃夫心情愉快地写信向苏沃林描述他的生活与工作的环境："我现在坐在有三扇大窗子的书房里，我感到神清气爽。我一天到花园里去五次，把雪铲到水塘里。屋顶上的雪在融化，已经闻得到春天的气息……离我们这里四俄里有一个修道院——达维多夫修道院，我和您将来可以去看看。我的书房里的光线好极了，眼睛都能被阳光刺痛。房间里暖洋洋的。"

契诃夫这次买梅里霍沃的庄园，尽管一开始仅仅付了三分之一的款，余下的三分之二还拖欠着，但也已经把他的积蓄都花掉了。正是在手头拮据的情况之下，1892年3月12日契诃夫给作家雅斯因斯基（1850—1930）写了封信，请他关照一家刊物预支一部分稿费。契诃夫也在信里坦率地说明了他要求预支稿费的理由："我一向不喜欢预支稿费，但如果您知道！哎嘿，如果您能知道！我买了处庄园。"买了庄园还有很多用钱的地方，契诃夫继续写道："我现在生活在大自然的怀抱里，每日6餐。早上5点起床，晚上10点至11点睡觉。如果没有需要100多卢

梅里霍沃庄园中契诃夫的书房。

布来买燕麦种子（我已经花 100 卢布买了三叶草）的那份操心，我会好过得多。”

契诃夫购置的梅里霍沃庄园是份不小的产业。管理这份产业需要全家人的共同努力。在庄园的管理上起较大作用的是契诃夫的妹妹和父亲。契诃夫本人的热情是在种花栽树上，他希望把果园和花园拾掇得更具规模更加漂亮。在大自然里做力所能及的劳作，与美丽的大自然朝夕相处、息息相通，给了契诃夫新的生活体验与精神满足。契诃夫在写给友人的书信中，不断地夸耀自己的果园和花园，夸耀自己的苹果树、樱桃树、李树，夸耀自己院子里的林荫小道。自己亲自动手植树的欢愉后来在他创作《万尼亚舅舅》的时候，转化为剧中人物阿斯特洛夫医生的那段礼赞森林的著名独白：

> 俄罗斯森林在斧头下呻吟，几十亿树木遭到毁灭，野兽和鸟类也要失去栖身之地，河流在枯竭，美丽的风景将永远消失……森林越来越少，河流枯竭，野兽绝迹，气候恶化，土地一天天地变得贫瘠和难看。（向沃依尼茨基）现在你用嘲讽的眼神看着我，我所说的一切在你看来是没有意义的。也可能，我这人真有点怪异，但当我走过那些被我从伐木的斧头下救出的农村的森林，或者当我听到由我亲手栽种的幼林发出美妙的音响的时候，我便意识到，气候似乎也多少受到我的支配了，而如果一千年之后人们将会幸福，那么在这幸福中也有我一份微小的贡献。当我栽下一棵白桦树，然后看到它怎样地慢慢变绿，怎样地在风中摆动，我的心就充满着自豪……

契诃夫不仅在植树的劳作中预见树的幼苗“怎样地慢慢变绿”的诗意，即便是在与大自然的默然相对中，他也能领悟那盎然的诗意。尽管农村生活没有城市生活的便当，但能在大自然中感悟诗意的契诃夫可以把农村生活的诸多不便轻轻地忽略了。

1892 年 3 月 17 日，契诃夫给苏沃林写信说：

> 在乡村生活有诸多不便，已经开始了恼人的泥泞。但在大自然中有某种神奇的，特别感动人的东西，它用自己的诗意与新意补偿了生活中的种种不便。每天都有新鲜事，而且一天比一天更美妙。椋鸟飞来了。四处水声潺潺，在白雪融化了的地方已经长出青草……我们从城里来到乡村，不是为了躲开人群，而是为了躲避虚荣心，这种虚荣心在城里人那儿往往是没有道理的和很出格的。看着这春天，我真希望另外一个世界上存在天堂。

1892 年 4 月 29 日，契诃夫在写给阿维洛娃的信里又一次抒发了他面对春天的美好感觉："现在乡间很好。不仅是好，甚至是美妙。真正的春天，绿树成荫，天气暖和。夜莺在歌唱，青蛙在喧闹。我没有钱，但我是这样想的：富足的人不在于他拥有很多钱财，而是在于他现在拥有条件生活在早春提供的色彩斑斓的环境中。"

梅里霍沃庄园的田园风光与良辰美景，不仅是契诃夫的移情养性的精神资源，也是契诃夫从事文学创作的一项物质资源。契诃夫在梅里霍沃创作的作品中的景物描写，在相当程度上也是对梅里霍沃庄园的景物描写。

如《黑修士》（1894）开头一节关于彼索茨基家那处花园的描写：

> 古老的花园阴森严峻，是按英国格式布置的，从正房一直伸展到河边，几乎有整整一俄里长，花园的尽头是一道急转直下的陡峭的坡，坡上生着松树，露出树根，像是毛茸茸的爪子。坡下的河水阴冷地闪闪发光，鹬鸟飞来飞去，发出悲凉的鸣声。在这种地方，人总会生出一种恨不得坐下来，写一篇叙事诗的

情绪。可是在这所房子附近，在院子里，在那个连同苗场一共占地三十俄亩的果园里，一切都欣欣向荣，哪怕遇上坏天气也充满生趣。像这样好看的蔷薇、百合、茶花，像这样五颜六色的郁金香，从亮晃晃的白色到煤烟般的黑色，总之，像彼索茨基家里这样丰富的花卉，柯甫陵在别的地方从来也没有见识过。春天还刚刚开始，真正艳丽的花坛还藏在温室里，可是林荫路两旁和这儿那儿的花坛上盛开着的花朵，已经足以使人在花园里散步，特别是一清早每个花瓣上都闪着露珠的时候，感到走进了柔和的彩色王国。

这种景物描写里自然是渗透着契诃夫最初置身于梅里霍沃花园时的感受。他在信里自豪地说到的那个由早春赋予的色彩斑斓的天地，就如同小说人物柯甫陵置身于彼索茨基家的花园"感到走进了柔和的彩色王国"一样。

吸引契诃夫的，不仅是梅里霍沃的美丽的大自然，梅里霍沃的农民，也是引起契诃夫关心的对象。契诃夫住进庄园，在周围农民的眼里，就是新来的地主，农民见到契诃夫都叫"老爷"，但契诃夫对他们说"我不是老爷，我是医生。"契诃夫也的确在梅里霍沃担当起了医生的职责。他为农民免费看病，他给每一个来就诊的农民都用卡片作了详细记录。

契诃夫接触农民，不是从到梅里霍沃才开始的。在迁居梅里霍沃之前，由于 1891 年下半年开始的饥荒，契诃夫曾经前后两次下乡做赈灾工作。他那篇直接来自赈灾工作的生活体验的短篇小说《妻子》（1892），最初的题名就是《在乡下》。这篇小说表现了契诃夫对待农民的态度，或者说，契诃夫对于俄国农民的认识。小说主人公原本以为在乡下遇到的饥馑中的农民一定是哭哭啼啼，结果他在乡下看到的完全是另一番景象：

可是眼前这情形显得那么平淡，人简直不能相信真有那样的事。没有一张慌张的脸，没有求救的哭声，没有涕泣，没有谩骂，四周全是静寂，秩序，生活，雪橇，长着蓬松的尾巴的狗。我们所遇见的，小孩也好，农民也好，都不愁苦；为什么我却愁苦？

我瞧着微笑的农民，瞧着戴大手笼的孩子，瞧着草房，想起我的妻子，这才明白没有一种灾难能够挫折这个民族。我仿佛觉得空气里已经有了胜利的气息似的。我觉着骄傲，觉着有心大叫一声，说我也是他们当中的一分子。

五年之后，契诃夫在梅里霍沃又创作了一篇以 1892 年农村饥荒为背景的小说《农民》（1897）。在这篇小说里，契诃夫用严峻的现实主义笔法写出了严酷的社会制度与生存条件对俄国农民身心的戕害：

在整个夏天和冬天，有些日子，有些时候，这些人生活得仿佛比牲口还糟；跟他们在一块儿生活是可怕的；他们粗野、诡诈、肮脏、闹酒；他们不是和平共处，而是不断吵嘴，因为他们互相害怕、怀疑、看不起……不错，跟他们在一块儿生活是可怕的；不过话说回来，他们也是人，他们跟普通人一样的受苦，流泪，他们的生活里没有一个事找不出理由给自己辩护的。累得死人的、使人一到夜晚就周身酸疼的劳动，残酷的冬季，稀少的收获，人口的过度稠密；而且没有人帮助，没有一个地方可以去寻求帮助。

契诃夫在《农民》的结尾，再一次用田野的美景，用鸟儿的鸣唱来给小说抹上一层亮色，并为受苦受难的俄国农民唱起充满崇敬情怀的祝愿："东正教的教徒啊，看在基督的份上，尽您的心多多周济吧……"《农民》让我们感觉到，契诃夫的现实主义与契诃夫的人道主义是息息相通的。

契诃夫在梅里霍沃居住的时候，也常有客人来访。在这些常客中最出名的是画家列维坦（1860—1900）。

列维坦因为和契诃夫哥哥尼古拉一起在莫斯科美术学校上过学，早就和契诃夫家有来往。但安东·契诃夫与列维坦第一次见面是在 1885 年 5 月，那时契诃夫在莫斯科郊区的马勃基诺租了套别墅，列维坦那时刚好住在离马勃基诺不远的地方，契诃夫便把画家请到马勃基诺小住了几天。契诃夫与列维坦很投缘。他们两位都热爱大自然，都是俄罗斯大自然的歌手。无论是 1885 年在马勃基诺，还是后来在梅里霍沃，契诃夫和列维坦都在俄罗斯的大自然的怀抱中消磨了很多时日。可惜列维坦 1900 年死后，画家弟弟根据哥哥的遗嘱，烧毁了列维坦的所有信件，因此契诃夫写给列维坦的信一封也没有保留下来。但我们从 1892 年 4 月 8 日的契诃夫写给苏沃林的一封信中，能获知契诃夫与列维坦一次在梅里霍沃打猎时经历的令人心颤的一幕：

> 画家列维坦住在我这儿。昨天傍晚我和他出去打猎。他击中了一只丘鹬；那只鸟儿，翅膀上中了五枪，落到了池塘里。我捡起了它：长长的嘴，大大的黑眼睛和美丽的羽毛。它吃惊地瞪着眼。我们拿它怎么办？列维坦皱着眉头，闭上眼睛，用颤抖的声音恳求说："亲爱的，用枪托打它的头……"我说：我做不到。他继续神经质地耸动着肩膀，摇晃着脑袋请求我。而那只丘鹬呢，也依旧吃惊地瞪着眼。只好听从列维坦的话，打死了它。一个美丽可爱的鸟儿死了，而两个傻瓜回家去，坐下来吃饭了。

但就在 1892 年 4 月中旬，契诃夫的小说《跳来跳去的女人》问世了，因为这篇小说，画家列维坦与契诃夫发生了激烈的冲突。

《跳来跳去的女人》塑造了一个沉默寡言、埋头苦干的医生戴莫夫的形象。但也许正因为戴莫夫太忠于职守、按部就班，在他年轻美貌的妻子奥尔迦·伊凡诺芙娜的眼里，不过是个“普通、很平常的、在无论哪一方面都没有什么了不起的男人。”而奥尔迦·伊凡诺芙娜不甘“平凡”，于是她天天周旋于一些演员、画家、作家等“名流”之间，特别是和风景画家里亚包甫斯基打得火热。直到戴莫夫得了重病，奥尔迦“忽然痛心地感到自己对不起戴莫夫，对不起他对她的那种深厚无边的爱情”。

《跳来跳去的女人》刚一发表，便引起了一场轩然大波。契诃夫在写于1892年4月29日的一封信中透露了这方面的消息：“您可以想想，我的一个熟人，一个42岁的夫人，从我的《跳来跳去的女人》那位20岁的女主人公身上认出了自己，整个莫斯科都在指责我诽谤了他人。主要的罪证是外表的相似：夫人也在学画，她的丈夫也是医生，她也有个情人是画家。”

这个出来对号入座的42岁的夫人名叫库甫申尼科娃。她先跳出来说契诃夫笔下的“跳来跳去的女人”就是她。画家列维坦也怀疑小说中的画家里亚包甫斯基是影射着他。因为列维坦与这位女画家的确有染。怒气冲冲的列维坦甚至提出要和契诃夫决斗，后被劝阻。遂与契诃夫绝交近三年之久。

直到1895年1月，列维坦才重访梅里霍沃。契诃夫为与画家恢复友谊而高兴。两年之后的重逢给大家带来了快乐。离开梅里霍沃的时候，列维坦给契诃夫留下了一张便条，上边写着：“能重新拜访契诃夫一家，我感到无比的高兴。我又回到了我珍贵的地方，说实在的，它将永远是珍贵的。”

创 作 高 潮

契诃夫迁居梅里霍沃的时候，已经是俄国的一位每篇新作出来都会引起社会关注的著名作家了。契诃夫在梅里霍沃时期写出了很多小说与戏剧的名篇，如《第六病室》（1892）、《匿名者的故事》（1893）、《黑修士》（1894）、《三年》、《带阁楼的房子》（1896）、《我的一生》（1896）、《海鸥》（1896）、《农民》（1897）、《万尼亚舅舅》（1897）、《套中人》、《醋栗》（1898）、《关于爱情》和《姚内奇》（1898）。契诃夫在梅里霍沃得到了创作上的丰收。

来到梅里霍沃，契诃夫首先想到的当然是偿还萨哈林岛之行留下的文债。契诃夫除了连续撰写的长篇《萨哈林岛游记》，还写了一个直接与萨哈林岛流放犯人有关的中篇小说《凶杀》（1895）。亚科甫·伊凡尼奇因一件小事发生争执，与妹妹阿格拉雅一起失手打死了堂弟玛特维伊，后来以谋财害命罪被判处二十年苦役。小说最后一章就写到在萨哈林岛上服苦役的亚科甫·伊凡尼奇与一群犯人到海边去往驳船上装煤的情景，契诃夫在小说结尾处突出了亚科甫·伊凡尼奇的痛苦感受：

> 自从他在监狱里住下，跟那些从世界各处被驱逐到这儿来的人——俄罗斯人啦，乌克兰人啦，鞑靼人啦，格鲁吉亚人啦，

> 中国人啦，吉卜赛人啦，犹太人啦——相处的时候起，自从他听他们谈话，看他们受苦的时候起，他已经开始皈依上帝了……现在他完全明白那个信仰，知道上帝是在哪儿，应该怎样侍奉他才对；只有一件事他还不明白，就是，为什么人的命运这样分歧，为什么这个简单的信仰，别人全不费力的从上帝那儿得来，而且终身信奉着，他却要付出那么大的代价，弄得他一想到从今以后直到他死为止，依他看来不会放松他一刻的种种恐怖和痛苦，他的胳臂和腿就跟醉汉似的抖起来。他用紧张的目光瞧着黑暗，他仿佛觉得透过几千里的大雾看见了家；看见了他的乡土，他那个普罗冈纳亚县；看见了黑暗，野蛮，无情，以及那儿他已经相别很久的人们的麻木的、阴沉的、动物性的淡漠。他的眼睛给泪水弄得模糊了；可是他仍旧凝眸望着远方，那儿，轮船的白灯在微微闪亮，他的心因为怀念家乡而疼痛，他一心要生活，跑回家去，告诉他们说他有了新的信仰，一心要从灭亡中把人们拯救出来（哪怕只救出一个人，也是好的），一心要没有痛苦地生活下去（哪怕只生活一天，也是好的）。

我们在《萨哈林岛之行和欧洲之旅》那一章里提到过那个可怕的夜晚——契诃夫因为听到隔壁牢房里传出的“哎嘿，我的上帝”的痛苦呼唤而彻夜不眠。契诃夫在写作《凶杀》的时候，一定又回想到了那个刻骨铭心的夜晚。契诃夫一定会想，他笔下的在萨哈林岛服苦役的亚科甫·伊凡尼奇，可能就会是个在黑牢中发出“哎嘿，我的上帝”这声痛苦呻吟的人。

也是在人间地狱萨哈林岛经历了如此强烈的心灵体验之后，契诃夫写出了震撼人心的《第六病室》，契诃夫意识到：必须让这个社会看清自己，为自己害怕!

《第六病室》可能是契诃夫的一篇色调最为阴暗的小说。阴暗的色调是从小说一开始对于第六病室周围环境的描写中就呈现了出来的：

> 医院的院子里有一幢不大的厢房，四周长着密密麻麻的牛蒡、草麻和野生的大麻。这幢厢房的屋顶生了锈，烟囱半歪半斜，门前台阶已经朽坏，长满杂草，墙面的灰泥只剩下些斑驳的残迹。这幢厢房的正面对着医院，后墙朝着田野，厢房和田野之间由一道钉着钉子的灰色院墙隔开。那些尖头朝上的钉子、那围墙、那厢房本身，都有一种特别的、阴郁的、罪孽深重的氛围，只有我们的医院和监狱的房屋才会这样。

你看，这里的医院和监狱是一样阴森森的！那么，医院的看门人又是一副什么嘴脸呢？小说在描写完第六病室的外部环境之后，接着描写医院的看守人尼基达："他的脸相严厉而枯瘦，他的眉毛滋出来，给那张脸添上了草原的看羊狗的神情，他的鼻子发红，身材矮小，虽说长得清瘦，筋脉嶙嶙，可是气派威严，拳头粗大。……他打他们的脸，打他们的胸，打他们的背，碰到哪儿就打哪儿，相信要是不打人，这地方就要乱了。"尼基达是个十足的统治阶级鹰犬的形象。

小说接下去介绍住在第六病室的五个精神病人，特别介绍了贵族出身的格罗莫夫。此人 33 岁，害着被虐狂，好发议论："他的话又乱又急，像是梦呓，前言不搭后语，常常叫人听不懂，不过另一方面，不管在话语里也好，声调里也好，都可以使人听出一种非常优美的东西。他一讲话，您就会在他身上看出他既是疯子，又是正常人。他那些疯话是很难写到纸上来的。他讲到人的卑鄙，讲到蹂躏真理的暴力，讲到将来总有一天会在地球上出现的灿烂生活……"

格罗莫夫的言行引起新来的医生安德烈·叶菲梅奇·拉京的兴趣。拉京不时地到第六病室去和格罗莫夫交谈，结果被认为医生自己一定也害了病，甚至连他的朋友米哈伊尔也来劝他住院养病，拉京绝望地说：

“我的病只不过是这么回事：二十年来我在全城只找到一个有头脑的人，而他又是个疯子。我根本没有害怕，只不过我落进了一个魔圈里，出不来了。”后来拉京医生当真被关进了第六病室，他叫喊着挣扎着要从第六病室里走出去，结果挨了看门人尼基达一顿拳脚。紧接着是契诃夫的这样一段文字：

> 然后一切都安静了。淡淡的月光从铁格子里照进来，地板上铺着一个像网子那样的阴影。这是可怕的。安德烈·叶菲梅奇躺在那儿，屏住呼吸：他战战兢兢地等着再挨打……他痛得咬枕头，磨牙，忽然在他那乱糟糟的脑子里清楚地闪过一个可怕的、叫人受不了的思想：这些如今在月光里像黑影一样的人，若干年来一定天天都在经受这样的痛苦。这种事他二十多年以来怎么会一直不知道，也不想知道？他不懂痛苦，根本没有痛苦的概念，可见这不能怪他，不过他那跟尼基达同样无情而粗暴的良心使得他从后脑勺直到脚后跟都变得冰凉了。

拉京医生在挨打之后的第二天早晨头痛、耳鸣，将近傍晚就死了。小说用最后两句话交代了死者凄凉的葬仪：“第二天安德烈·叶菲梅奇下了葬。送葬的只有米哈伊尔·阿威良内奇和达留希卡。”前者是拉京的朋友，后者是他的女仆。

《第六病室》问世曾引起了强烈的社会反响。

俄国作家列斯科夫（1831—1895）读过《第六病室》意味深长地叹息道：“这就是俄罗斯！”

俄国画家列宾（1844—1930）对这部小说的评价是：“简直是令人费解，从这个内容朴素、简单，甚至完全是枯燥的故事中怎么竟会出现人类的如此不容反驳的、深刻而又重大的思想的。”

而少年列宁读了《第六病室》后感觉到他“自己也仿佛被关在这第

六病室了！”

这一切社会反响应验了格罗莫夫在第六病室里“带着愤怒和愤慨的话语”表达的一个想法:“必须让这个社会看清自己,为自己害怕才成。”

半个世纪之后，俄罗斯作家爱伦堡（1891—1967）重读《第六病室》之后说：“当我读到医院的看守人尼基达拳打不久之前还被他尊称为老爷、而现在成了普通的精神病患者的拉京医生时，我就想到了契诃夫到萨哈林岛的旅行。”

契诃夫在《萨哈林岛游记》（1894）的第七章里有一番感慨，可以印证爱伦堡的读后感：“当一个不久之前还被人呼作老爷、竞相亲吻他手的人，现在穿着破旧的上衣直挺挺地站在您的跟前时，您不会去想犯罪的事。”契诃夫在萨哈林岛做居民登记的时候，不问他们是因为什么流放到这里来的。契诃夫对这些不幸的人有不忍之心。

契诃夫思考人的命运的无常的时候，有一个基本的出发点，那就是人应该是平等的，那种人为地把人分为若干等级的想法是不合道理的。契诃夫一贯反对把人分为“凡人”与“天才”或者“失败者”与“成功者”的思维定式与先入之见。单是在 1888 年 11 月间，他就两度在书信中申述了这样的看法。

在 11 月初的一封信中他写道：“把人分为成功者和失败者，就意味着用狭隘的眼光、用先入之见来看人的本质！”

在 11 月底的一封信中他又写道：“您和我都喜欢普通人，但人们都喜欢把我们看成是不平凡的人。比如说，到处有人请我去做客、赴宴，把我当作婚礼上的将军；我的妹妹也生气，发现人们之所以到处请她，只因为她是一位作家的妹妹。没有一个人把我们当作普通人来喜欢。所以我想，要是明天我们在他们的眼里成了普通人，他们就不再喜欢我们，而会可怜我们。”

到了梅里霍沃，契诃夫终于可以通过《跳来跳去的女人》（1892）

和《黑修士》，来艺术地、形象地思考“人的平等”的问题。

在《跳来跳去的女人》里，奥尔迦·伊凡诺芙娜认定自己的丈夫戴莫夫医生不过是个“普通的、很平常的、在无论哪一方面都没有什么了不起的男人”，而把那些作家、演员、画家一概视为值得她崇拜的“名人”。只是到了戴莫夫医生快要去世的时候，她才意识到自己的丈夫实际上也是“一个天下少有的、不平凡的人。”

《黑修士》是契诃夫一部较为复杂、因此也引起解释上众说纷纭的小说。

契诃夫本人在私人书信中有三处谈到过《黑修士》。1893 年 12 月 18 日他写信给苏沃林说这篇小说“写了一个害了自大狂的年轻人”。1894 年 1 月 15 日写给缅希科夫的信中又说：“这是一篇医学小说……其中写的是自大狂。”在 1894 年 1 月 25 日的信中则透露在写这篇小说之前，契诃夫有一次做梦梦见“一个修士在田野上飘然而过”。

先前，评论家们根据契诃夫的这些自述，习惯于把《黑修士》的主题解释为对“害了自大狂”的小说主人公柯甫陵的批评。与此同时，把小说中的另外两个人物——叶果尔·谢敏内奇和达尼雅父女视为柯甫陵的对立面，视为小说作者肯定的普通人。

稍后，又有些研究者“反其道而行之”，把柯甫陵看成是契诃夫为之张扬的正面主人公，理由是柯甫陵的对于“永恒真理”和“人类未来”等人生哲理的探索与思考，也是契诃夫本人苦苦探索与思考的人生哲理。

我们不妨把上边各执一端的对立见解中和起来。因为契诃夫的确主张“人人平等”，不喜欢自命不凡的“自大狂”，的确也苦苦地思索着“永恒真理”、“人类未来”一类的人生哲理，但把柯甫陵和彼索茨基父女绝然对立起来显然是缺少根据的。小说开头的第一句话：“硕士安德烈·瓦西里伊奇·柯甫陵十分疲劳，神经出了毛病”，点出了柯甫陵的精神状态。实际上彼索茨基父女的精神状态也并不是处于正常状态。

柯甫陵的“自大狂”意识，在一定程度上也是在他们的怂恿之下强化的。他们喜欢他，也是因为他在他们的心目中是个与众不同的“天才”，但当在他们的努力下，柯甫陵的“自大狂”的病症逐渐消失之后，他与黑修士相遇、交谈的神奇的幻觉也消失了，于是精神也颓唐了，以至于把以前写的文章统统销毁了。而彼索茨基父女对失去了“天才”光环的柯甫陵也逐渐失去了原有的感情。这就出现了契诃夫在1888年说过的“要是明天我们在他们的眼里成了普通人”的尴尬。

结局是悲剧性的。先是柯甫陵与达尼雅的分手，继而是叶果尔·谢敏内奇的死亡，果园的废弃，直到柯甫陵本人的死亡。

表现柯甫陵临死前的“意识流”的一段描写颇有揭示小说题旨的深意:

> 他想说话，可是血从喉咙里直往上涌……他想叫一声在屏风后面睡熟的瓦尔瓦拉·尼古拉耶芙娜，就使一把劲，呼唤道：达尼雅……他呼唤达尼雅，呼唤那个有着沾满露水的艳丽花朵的大园子，呼唤那个花园和露出毛茸茸的树根的松树、黑麦田，呼唤他那了不起的学问、他的青春、勇气、欢乐，呼唤那原先十分美好的生活。他看见地板上，在他的脸旁边，有一大摊血，他衰弱极了。再也说不出一句话来，然而有一种说不出的、无穷无尽的幸福充塞了他的全身心。

垂死的柯甫陵心里想着呼唤与他同居的瓦尔瓦拉，但嘴里喊出来的是他以前热爱过的达尼雅。而当他呼唤着达尼雅的名字的时候，“一切原先十分美好的生活”——其中包括“沾满露水的”大园子，“露出毛茸茸的树根的松树、黑麦田”，连同他曾经有过的“青春、勇气、欢乐”，统统在他的心灵中复活了起来。而这些才是真正的生活的真谛。

《黑修士》是一篇具有象征意味的小说。在小说中幽灵般出现在柯甫陵幻觉中的“黑修士”无疑是个象征。它象征一种至高的、非现实的境界。柯甫陵第一次在幻觉中见到黑修士后，曾“渴望一种巨大的、辽阔的、惊人的境界。”但“黑修士”也是“死亡”的象征。起初承诺永生的黑修士最后成了柯甫陵之死的促成者与见证人。黑修士最后对即将咽气的柯甫陵说：“他是天才，他死，只是因为他那衰弱的人的肉体已经失去平衡，不能再充当天才的外壳了。”

这也是契诃夫的幽默。

关于人的平等的思想，契诃夫后来在中篇小说《我的一生》里，作了更明确的阐发。医生问小说主人公波罗兹涅夫（即小说第一人称的“我”）为什么要坚持干漆匠的营生，“比方说，做一个大科学家或艺术家——如果那样的话，难道您不认为您的生活会更丰富，更深刻，会更有收获？”为了回答这个问题，波罗兹涅夫表明了这样的思想：“主要的是，强者不该奴役弱者，也不该容许少数人依靠多数人过活；更不容许少数人老是对多数人敲骨吸髓。主要的是，强者也好，弱者也好，阔人也好，穷人也好，应当没有例外，各人为各人的利益，平等参加生活斗争；在这方面，再也没有比手工这种普遍的强制劳动更能拉平人生的界限了。”

从这里可以看到，契诃夫的关于人的平等的思想是与他的要求社会平等的思想联系着的。因此他在《我的一生》里执意为处于社会低层的劳动者说话。在梅里霍沃与农民五年相处的时日，给了契诃夫为农民挺身辩护的勇气与智慧：“固然，他们很脏，贪酒，愚蠢，不老实；不过，尽管这样，我还是觉得那些乡下人的生活，是奠定在巩固的基础上。不管乡下人耕田的样子显得多么笨拙，也不管他怎样喝得酩酊大醉，可是只要仔细地看一看他，谁都会不由得感到他有一种重要的、基本的品质，恰好是玛霞和医生所缺乏的。他相信真理是人世间顶要紧的东西，相信他个人的得救和他国家的得救，全包含在真理里面。因此他爱公道，胜过爱人间任何东西。”

小说主人公后来和父亲发生了直接的冲突。父亲责备他没有尽到对祖先应尽的责任，破坏了“神圣的社会传统”，坚守着自己的“错误见解”，儿子反问父亲说：“您这种生活，您极力要叫我承受的这种生活——为什么是那么沉闷，那么缺乏才情？”

契诃夫在梅里霍沃写作的另一部篇幅较大的中篇小说《三年》，与《我的一生》有点相似，也写了一个在家族传统压迫下的人的心灵的痛苦与觉醒，而且都有一定的自传性。小说主人公拉普节夫在与哥哥辩论所谓的“上流商人家庭”传统时，对这个“传统”作出了毁灭性判决：“什么上流的商人家庭哟！地主老爷打咱们的祖父，随便哪个低级的小官都可以打他的脸。咱们的祖父呢，打咱们的父亲，咱们的父亲揍咱们。”

拉普节夫实在不愿意继承祖上传下来的这份家业。“拉普节夫相信那几百万家当和那跟他不投缘的商号正在毁掉他的生活，使他成为完全的奴隶。他想象他自己会怎样渐渐地习惯他的环境，怎样渐渐地成了这大商号的老板，怎样觉得苦闷、衰老，走进耳聋眼花、乖戾使性的晚年，弄得四周的人全都难堪而沮丧，到头来跟一般的人那样呜呼哀哉。可是，什么东西在阻挠他，使他不能放弃那几百万家当和那商号，离开他从小就讨厌的院子和花园？”

小说主人公在苦闷着，在思索着。生活还要继续下去，契诃夫的小说人物相信将来总有一天能够找到生活的真谛的。因此，契诃夫给了小说一个开放性的结尾：

> 他（即拉普节夫）想：“让我们活下去，自会看清楚的。”

然而，人到生活的某一阶段出现的顿悟，常常是带有悲剧意味的。《洛希尔的提琴》（1894）中会拉小提琴的棺材匠亚科甫，与妻子共同生活了52年，但只有到了妻子死去的时候他才猛然醒悟：这52年中他从来没有抚爱过、怜悯过妻子。并由此在小说里引出了一系列的天问式的质疑："为什么人们就不能好好生活，避免这些损失呢？请问，为什么人们把桦树林和松林砍掉？为什么牧场白白荒芜？为什么人们老是做些恰恰不该做的事？为什么亚科甫这一辈子老是骂人，发脾气，捏着拳头要打人，欺侮自己的妻子呢？……为什么人们总是妨碍彼此的生活呢？要知道，这造成多大的损失！多么可怕的损失呀！要是没有憎恨和恶意，人们彼此之间就会得到很大的好处了。"

《洛希尔的提琴》写了一个麻木灵魂的开始苏醒。灵魂苏醒的一个征兆是他开始感受周围的自然环境，他几十年来头一次坐到河边去欣赏美景：

> 他就在这棵柳树底下坐下来，开始回想。对岸如今是一片水淹的草地，那时候却是一片大桦树林……亚科甫闭上眼睛，他的脑海里就出现一大群白鹅，这一只迎着另一只飞快地游去。他不明白事情怎么会弄到这种地步：在他的一生中，最近四五十年以来，他一次也没有到这条河边来过，或者，即使来过，却没注意过它。要知道，这是条相当大的河，并非不值一提的小河……

在梅里霍沃，契诃夫还创作了一篇有名的小说《带阁楼的房子》。"带阁楼的房子"属于一个俄国的"贵族之家"，契诃夫一开始在描绘这个夕阳西照下的地主庄园时，就点染出了它的衰颓的阴影："这里同样是荒芜和衰败，去年的落叶在脚底下发出悲戚的沙沙声；黄昏中的树间一片阴影。右边是个有些年头的果林，黄莺在有气无力地吟唱，也许它也老了。"

接着作者向我们介绍了两个住在"带阁楼的房子"里的姑娘："其中一个年龄稍长，身材苗条，面色苍白，容貌漂亮，生着一头浓密的栗色头发，一张小嘴儿显得很固执，脸上的表情严肃，对我不怎么在意；

另一个呢，显然还很年轻，大概十七八岁，同样苗条和苍白，大嘴巴和大眼睛，看见我从旁边经过，她吃惊地看了我一眼，用英语说了句什么，有点儿不好意思。”

姐姐莉达和妹妹任尼雅（米修司）长得一样“苗条而苍白”，但有一个显著的不同：姐姐“看也不看我”，妹妹“看见我走过，就惊奇地瞧我”。画家（“我”）对于姐妹俩的主观感受，已经朦胧地预示了这篇小说的情节发展走向。

《带阁楼的房子》有两条情节线索。一条是在莉达和画家之间展开的思想冲突的线索；另一条是画家和任尼雅之间的爱情线索。

莉达和画家的思想冲突，早在小说第二章开头画家第一人称的叙述中就点明了：

> 她（即莉达）不喜欢我，是因为我是风景画家，我的画没有表现出劳动人民的贫困，她觉得我对她坚信不疑的事业十分冷漠。

莉达“坚信不疑的事业”，是为农民做点改善其贫困处境的善事，比如办个学校、开个医疗所、建个图书馆等等。总之，“不能袖手旁观……一个文化人最高尚和最神圣的任务，就是要服务他人，我们就在尽我们所能为他人服务。”

画家则反驳莉达说：“我认为，医疗所、学校、图书馆、药房，在现有条件下只是在为奴役服务。老百姓现在正被一条巨大的锁链捆住，您不去砸断锁链，反而增加这个锁链的环节……”“您帮助他们建立医院和学校，但这并不能使他们摆脱镣铐，而是相反，更加深了对他们的奴役……”

以往比较流行这样一种见解，以为契诃夫是站在画家的立场上批判莉达的“不从大处着眼只从小事着手”的忙忙碌碌的“小事观”的。其实契诃夫本人就曾经做过不少类似莉达做过的"为同胞服务"的"小事"，比如，他给梅里霍沃的农家子弟办了所小学。画家的观点与莉达的观点尽管似乎水火不容地对立着，但他们的观点都各自可以理直气壮地说出来，都有值得善良的人们深长思考的价值，即便画家在与莉达争论之后的归途上，也对送他走一程的任尼雅感慨地说："村子里的人都睡了……连酒馆老板和偷马贼也都踏踏实实睡了；我们这些体面人呢，却在这里互相生对方的气，在吵嘴。"从各自坚守的观点而言，莉达和画家都不失为与酒店老板、偷马贼等小市民有别的"上流人"。契诃夫本人也没有在"观点上"有厚此薄彼的鲜明倾向。他表现的是两种在当时的俄国社会背景下各自"言之成理"的思想的交锋。这也可以说是契诃夫小说的"复调"手法。

但读完小说之后，我们毕竟不太喜欢莉达。那是因为她的唯我独尊的专断，她的把持有与她观点不同的人视为异端的狭隘。特别是她得知了妹妹与画家的恋情之后无情地把一对恋人生生地拆散的做法，实在让人难以接受。这篇小说似乎告诉我们：唯我独尊的专断会丧失成人之美的宽厚，会导致意想不到的生活悲剧。

小说最后写画家对于那所"带阁楼的房子"的甜密而苦涩的思念，充满感伤的情怀，特别是结束全篇的一句问语："米修司，你在哪儿啊？"令读者不禁掩卷叹息。《带阁楼的房子》有"抒情小说"之称，也与它浓郁的感伤色彩有关。

契诃夫在梅里霍沃乡居期间，也访问过附近的一些工厂和地主庄园。印象所得，写进了《女人的王国》（1894）、《在故乡》（1897）、《出诊》（1898）等小说里。这个印象就是财富不会给人带来幸福。

在《女人的王国》里，安娜·阿基莫芙娜是个拥有两千工人的工厂主，但她心里常常烦恼重重：

她烦恼地想：她26岁了；跟她一般年纪的别的姑娘现在

正忙着料理家务，做得累了，就挺香地睡一觉，到明天早晨醒来，满腔的过节心情；她们有许多人早已结婚，有孩子了。只有她，不知什么缘故，却不得不像老太婆似的坐在这儿看这些信，在信上加批语，写回信，然后整个傍晚什么事也不干，就这么熬到午夜，光是等睡意来了好睡觉；明天呢，一整天会有许多人来拜访，请托种种事情；到后天，工厂里包管会出事——什么人挨了打，或者什么人灌下太多的伏特卡，醉死了，她只好让良心的痛苦煎熬着……

受着良心的痛苦煎熬的，还有《出诊》里的女主人公丽莎。二十岁的丽莎是五座厂房的继承人，她得了个怪病，常常心慌失眠，服用厂医给开的药，但无济于事，前来出诊的莫斯科的医生柯罗辽夫来到病人卧室，看见她一种"柔和的、痛苦的表情"，知道她的病是在心上，便与她进行推心置腹的交谈。丽莎说"这儿样样事情都使得我心烦"，她还说"我觉得自己好像没什么病，只不过烦闷，害怕罢了，因为处在我的地位，这是理所当然，没别的办法的"。丽莎说她"只巴望着跟人家谈谈心，倒不是跟医生谈心，而是跟一个知己的朋友谈心，他了解我，也指得出我哪点儿对，哪点儿错"。丽莎希望柯罗辽夫医生就是这样一个可以跟她谈心的人。柯罗辽夫医生也确实是这样一个可以跟她说知心话的人。柯罗辽夫已经看出了是"财产"造成了她的不幸，觉得"她得赶快丢开五座大厦和日后继承到的几百万财产"，但他最后只好把这层意思转弯抹角地向丽莎说了出来：

你尽管是工厂主人，又是继承一大笔财产的人，却并不满足；你不相信你有做工厂主人、继承财产的权利；于是现在呢，你睡不着觉了。比起你满足、睡得酣畅、觉得样样事情满意来，这样当然好得多。你睡不着，这倒显得你高人一等；不管怎样，

> 这是个好兆头。实际上，咱们现在所谈的这些话，在咱们的父母辈当中，那是不能想象的。在晚上，他们并不说话，而是酣畅地睡觉；我们，我们这一代呢，都睡不好，心不定，谈许许多多话，老是想弄明白我们哪点儿对，哪点儿不对。在我们的子孙辈，这个问题——怎样做才对，或不对——一定已经解决了。他们看起事情来，一定比我们清楚多了。过了五十年，生活一定会美好；可惜我们又活不到那时候。要是能够知道一点那时候的生活，那才有意思呢。

柯罗辽夫说的这下半截话已经像是相信进化论的契诃夫本人的内心独白了。

《在故乡》和上边两篇小说稍有不同。它的女主人公薇拉是一个地主庄园的继承人，但她又被附近一家工厂的医生涅沙波夫追求着。无论是工厂还是庄园，都缺乏生气、令她厌倦：“在工厂和庄园里，很少有人朗诵，弹起钢琴来也只弹进行曲和波尔卡舞曲，年轻人老是为他们不理解的事发生激烈的争论，显得粗暴。他们吵得厉害，声调很高，可是说来也奇怪，薇拉在别的地方从来也没有遇见过像他们那样漠不关心、无所用心的人。好像他们既没有祖国，又没有宗教，对社会也不感兴趣。”刚从城里回来的薇拉想反抗这种乏味的生活，也想拒绝那位乏味的涅沙波夫。但她最终还是决定与现实妥协，决定嫁给涅沙波夫：

> 她又走到野外。她一面信步走去，一面做出决定：等她出嫁以后，她就管家，给人医病，教人读书，凡是她这个圈子里其他女人所做的事她都要做。至于那种经常不满意自己和不满意别人的心情，那种每逢回顾过去就会看到像山一样立在面前的一长串重大错误，她索性认为都是她注定要过的真实生活，她不再希望更好的生活了……要知道，更好的生活是没有的！

美丽的大自然、幻想、音乐告诉我们的是一回事，现实生活告诉我们的却是另一回事。显然，幸福和真理存在于生活之外的什么地方。

《出诊》和《在故乡》里，契诃夫说出了他对人生的两个基本认识。一是在《出诊》里通过柯罗辽夫之口强调出来的：过了五十年，生活一定会美好；可惜我们都活不到那时候。一是契诃夫在《在故乡》中的作者抒情独白点明了的：幸福和真理存在于生活之外的地方。

中年契诃夫，摄于1897年。

《在故乡》收尾的一句是："一个月以后，薇拉已经住在工厂里了。"于是我们要为薇拉的命运担忧，就像我们要为《出诊》里的丽莎的命运担忧一样。契诃夫特别同情他笔下的女性人物。

如果说《出诊》里的女子丽莎像一汪柔伤的水，那么《醋栗》里的男人尼古拉·伊凡内奇就是一团丑陋的泥了。

读《醋栗》需要弄清楚"俄尺"这个概念。"俄尺"音译"阿尔申"是帝俄时代使用的长度单位，1俄尺相当于0.711米。托尔斯泰写过一位叫巴霍依的农民，死后下葬其墓穴"从他的头到双足正好占用了三俄尺土地。"契诃夫为此大发感慨："死人才只需要三俄尺土地，而活人需要的是整个地球，作家尤其这样。"

《醋栗》这篇小说中的兽医伊凡·伊凡内奇几乎重复了契诃夫本人的话语，"人们常常说：人只需要三俄尺的土地。然而要知道，需要三俄尺土地的是死尸，而不是活人……人所需要的不是三俄尺土地，不是一个庄园，而是整个地球，整个自然界，在那广阔的天地中人才能表现他的自由精神的全部品质和特点”。所以，可以把伊凡·伊凡内奇的这段话看作是小说的基本题旨。

这篇小说的叙事结构很奇特。开头写兽医伊凡·伊凡内奇如何与中学教师布尔金到阿列兴家避雨，然后由伊凡·伊凡内奇向布尔金和阿列兴讲述他弟弟尼古拉·伊凡内奇的故事。《醋栗》的主要内容就是伊凡·伊凡内奇讲述尼古拉·伊凡内奇如何从一个天真烂漫的孩子变成为一个俗不可耐的庸人。

尼古拉·伊凡内奇的蜕变是从头脑萌生了攒钱买田庄的念头开始的。“他常描画他的田庄的草图，而每一次他的草图上都离不了那么几样东西：（一）主人的正房，（二）仆人的下房，（三）菜园，（四）醋栗。”为了实现这个目标，他节衣缩食、财迷心窍，娶了一个又老又丑的寡妇。后来他总算购得了一处庄园，也在庄园里栽种了醋栗。终于有一天，醋栗结出了果实。契诃夫通过兽医伊凡·伊凡内奇之口，以不无嘲讽的笔调描述了尼古拉·伊凡内奇志满意得地吃醋栗的场面：

> 尼古拉·伊凡内奇笑起来，默默地瞧了一忽儿醋栗，眼泪汪汪，激动得说不出话来。然后他拈起一个果子放进嘴里，瞧着我，露出小孩子终于得到心爱玩具后的得意神情，说：多么好吃啊！

多么可悲呵！一个人居然把吃到自己种的醋栗当作一生的最大满足与幸福。这种庸俗的幸福感把人变成了动物。小说对尼古拉·伊凡内奇的最后的肖像描写，就突出了他那不堪的类似猪的形态：“他老了，胖了，皮肉松弛，他的脸颊、鼻子和嘴唇往前突出，眼看就要像猪那样呼噜呼噜地叫着，钻进被子里去了。”

怎么才能打破这种可怕的庸俗呢？契诃夫借兽医伊凡·伊凡内奇之口呼吁人们跳出局限在“三俄尺的土地”里的庸人生活，要放眼“能表现他的自由精神”的广阔天地。再有，就是要想着为大众做好事：“不要心平气和，不要让自己昏睡！趁年轻、强壮、血气方刚，要永不疲倦地做好事！”

《醋栗》继续了契诃夫在《第六病室》里高扬起的社会批判锋芒。契诃夫在《醋栗》里大声疾呼道：“你们来看一看这种生活吧：强者骄横而懒惰，弱者愚昧，像牲畜一般生活着，周围是难以忍受的贫困、憋闷、退化、酗酒、伪善、撒谎……然而，所有的房屋里和街道上却安安静静，心平气和。住在城里的五万人当中竟然没有一个人大叫一声，高声说出他的愤慨。”

契诃夫要高声说出的愤慨，也可以一言以蔽之：“你们生活得很糟糕！”除了《醋栗》之外，契诃夫还试图以《套中人》里的那个著名艺术形象来唤醒麻木的社会良知。

《套中人》和《醋栗》同属1898年契诃夫创作的“短篇小说三部曲”，它们的叙事结构有相似之处。在《醋栗》里是兽医伊凡·伊凡内奇向中学教师布尔金讲述他那个弟弟精神蜕变的故事；在《套中人》里则是中学教师布尔金向兽医伊凡·伊凡内奇讲他的同事别里科夫的故事。

契诃夫先从别里科夫的可笑的外部形象描写入手：

> 他（即别里科夫）即使在阳光灿烂的日子出门，也穿上套鞋，带着雨伞，而且还一定要穿着暖和的棉大衣。他的雨伞装在套子里，他的怀表也装在鹿皮套子里，而当他掏出小刀削铅笔的时候，那小刀也放在一个小套子里。他的脸似乎也装在套子里，因为它总是藏在竖起的衣领里。他戴墨镜，穿绒衣，用棉花堵上耳朵。要是坐马车出行，一定吩咐马车夫把车篷支起来。总而言之，这个人有一种恒久的、不可抗拒的心愿，力图用外壳

> 把自己包围起来，就好比给自己制造一个套子，好让他与世隔绝，不受外界影响。

但当契诃夫把对于别里科夫形象的描写从外部素描转入内部刻画时，这个套中人就由可笑而变得可怕起来。

“别里科夫把他的思想也极力藏在套子里。”这是句很关键的话。因为套中人的思想也在套子之中，因此他反对一切新鲜事物，反对成立戏剧小组，反对男女之间自由谈恋爱，反对骑自行车……“只有发布什么禁令的政府告示和报纸社论才是一目了然的……而当有关部门批准在城里成立剧社，或者开放阅览室和茶馆，他就摇摇头”，他的口头禅是：“怎么会不闹出点乱子来！”

契诃夫为了突出套中人的可怕的消极力量，不惜让布尔金用夸张的语言描述套中人别里科夫的“威慑力”：

> 这个总是穿着雨鞋打着雨伞的人，却整整十五年把整个学校捏在自己的手心里！学校算得了什么？整个城市都被他捏在手心里！我们这儿的妇女到了星期六不敢举办业余戏剧演出，因为怕他知道。有他在，神父不敢吃肉，不敢打牌。在像别里科夫这类人的影响下，最近这十年到十五年的时间里，我们这个城市的居民都变得害怕一切。害怕大声说话，害怕邮寄书信，害怕结交朋友，害怕阅读书籍，害怕接济穷人，害怕学习文化……

写到这里，契诃夫还不歇笔。他写到了别里科夫的死，但别里科夫的死并没有使城里的生活有所改善，于是契诃夫随即又翻出另一层意思：“确实，我们埋葬了别里科夫，可是另外还有多少像他这样的套中人活着，将来还会有多少呢！”

于是，由中学教师讲述的这个关于套中人别里科夫的故事引起了听者兽医伊凡·伊凡内奇关于“套子”现象的普通性的思索：

> 问题就在这里……我们住在城里，空气污浊，拥挤不堪，写着无用的文章，玩着无聊的纸牌，这难道不也是套子吗？而我们终生周旋于俗人、庸人、蠢人和懒散的女人中间，自己说着和听着各种废话，这难道不也是套子？

伊凡·伊凡内奇（显然也是契诃夫）的反思最后以一句沉重的心灵呼唤作结：“不，不能再这样生活下去！”小说也在这声沉重的心灵呼唤中结束。

从社会学批评的角度来看，《套中人》里的这声“不能再这样生活下去”的呼唤，应该是契诃夫创作中的社会批判的最强音了。

关于爱情

1898年的短篇小说三部曲，除了《醋栗》与《套中人》外，还有《关于爱情》。在《关于爱情》里，有一个名叫阿列兴的人向中学教师布尔金讲述了他自己经历的一个尴尬的爱情故事，之所以尴尬，是因为男女双方总不把他们的感情揭穿，反而胆怯地、周密地把这种感情掩盖起来。

契诃夫写《关于爱情》的时候，自己已经有过众人周知的浪漫史。契诃夫的传记作者几乎都要提到一个事实：契诃夫是个很讨女人喜欢的男人。原因也很好解释，“男才女貌”观念在俄罗斯也是通行的。契诃夫的才华足以使女人们对他另眼看待。但契诃夫不仅才华横溢，他的相貌在男人堆里也十分出众。

俄国作家柯罗连科（1853—1921）是1887年与契诃夫相识的，他的回忆录里对青年契诃夫的相貌有这样一段写真：

> 在我面前站着一个样子显得更为年轻的青年，个子略高于中等身材，眉清目秀，还没有失去英俊少年的容姿。他的面孔上有某种很独特的神情，我一时无法形容，但后来倒是同样也与契诃夫认识的我的妻子把这准确地描述了出来。她认为，尽管契诃夫具有不容置疑的知识分子气质，但在他的脸上有某种让人联想起纯朴的农村少年的神态。而这是尤其吸引人的。甚

至契诃夫的深邃而明亮的眼睛，在闪耀着思想的同时，也洋溢着孩子般的纯真。

还有一位同时代人的回忆更能说明问题：

80 年代我和契诃夫相识的时候，我觉得他长得很漂亮，但我想知道女人对契诃夫的外表有什么评价，于是我问了一位见过契诃夫的非常漂亮的女人，她回答说：他很漂亮……

契诃夫不仅有悦目的外貌，还有悦耳的嗓音。关于这个，亚历山大剧院的演员瓦尔拉莫夫（1849—1915）有一段生动的回忆：1889 年亚历山大剧院上演契诃夫的《伊凡诺夫》，有一天瓦尔拉莫夫走进化妆室，听到隔壁房间有个陌生人的说话声，“迷人的嗓音如此地吸引了我，我闭上眼睛一动不动地站着，全身心地陶醉在这嗓音里”——瓦尔拉莫夫这样回忆说。然后他卸了戏装来到隔壁房间，陌生人向他自我介绍说：“我是契诃夫。”

契诃夫不仅嗓音迷人，他还能用迷人的嗓音把话儿说到女人的心坎里。俄国作家蒲宁（1870—1953）在回忆录里指出了契诃夫大获女人欢心的这一优长：“他非常理解女人的心，他能细腻而强烈地感受女性美。”

爱过契诃夫的女人不少。有些来自异性的超乎寻常的情感，可能连契诃夫本人也没有意识到。在契诃夫与克尼碧尔 1901 年结婚之前，至少有两个女人是非常爱契诃夫的，一个是阿维洛娃（1862—1943），一个是米齐诺娃（1870—1939）。

阿维洛娃是个女作家，与契诃夫于 1889 年 1 月相识，从 1892 年至 1904 年，契诃夫给阿维洛娃一共写过 31 封信。她在契诃夫去世很久以后发表了回忆录《契诃夫在我的生活中》，“回忆”了她与契诃夫之间的情感生活，特别提到了 1895 年 2 月，契诃夫路过彼得堡时，阿维洛娃背着丈夫与契诃夫单独吃晚饭的情景，声称契诃夫当时向她倾诉了爱情，似乎契诃夫对她说了这样一些话：“你记得我们最初几次见面的情形吗？你知道我确实爱上了你吗？当时我的感情是真挚的。我觉得我不会如此深深地爱上世界上其他任何一个女人。你很漂亮、动人，你的青春充满着纯真的感情和使人着迷的魅力……但是，我知道你和那些我曾与之分手或主动与我断绝关系的女人都不一样，我对你的爱应该是纯洁的、神圣的、终生不渝的爱。我不敢玷污你，因为我怕伤害你……”

阿维洛娃去世之后，契诃夫的妹妹玛丽亚·契诃娃（1863—1957）著文对阿维洛娃的回忆录提出质疑。玛丽亚承认阿维洛娃苦恋着她哥哥，但她哥哥不可能对阿维洛娃明确地表示过爱情，她提出的证据，是在契诃夫 1904 年去世不久，阿维洛娃写给她的一封信，信里边有这样一句话：“我不知道他（指契诃夫）是怎么看待我的，这令我很伤心。”玛丽亚·契诃娃认为阿维洛娃既然在契诃夫去世之后还不知道他哥哥是怎么看待她的，那么在阿维洛娃回忆录里写到的契诃夫对她说的那些情意绵绵的话就不可信了。

如果从现在我们见到的契诃夫写给阿维洛娃的全部书信来看，可以说没有一封信是能够与情书挂上钩的。相反，契诃夫有时还在信中努力巧妙地回避开来自阿维洛娃的“情感攻势”。比如契诃夫 1898 年 7 月 10 日写给阿维洛娃的信里有这样一段试图冷却她的热情的话：

> 现在谈谈您。您在做什么？您在写什么？我听过不少赞美您的话，我很抱歉在一封信里我批评了您的小说（《在转弯的地方》），这个不必要的苛求稍稍伤了您的心。我和您是老朋友，至少我是这样认为的。……如果我的信有时写得有点严酷或者冷淡，那要请您多多包涵，而且相信，您在上一封来信结尾写的“如果您心情很好，那也应该对我更加善良”这句话，对于我实在是没有道理的严厉。

契诃夫在 1898 年 10 月 21 日写给阿维洛娃的信里，再一次使用了令阿维洛娃不快的冷淡的语调：

> 我读了您的来信，只好两手一摊。如果我在上一封信里祝您幸福与健康，那丝毫也不意味着我想中断与您的通信，或是想逃避您，而就是想祝您幸福与健康。这是很平常的。如果您在我的信里看到了我没有说的话，那么这大概是因为我不会写信。

一片热情的阿维洛娃面对契诃夫的这类不痛不痒的回应，也只能承认她不知道契诃夫究竟是怎么看待她的。但有一个事实可以证明：契诃夫对于阿维洛娃的苦恋之情是了然于心的。

1895 年 2 月，契诃夫把一本刚刚出版的《短篇小说集》赠给了阿维洛娃。不久阿维洛娃到首饰店定做了一块装饰手表，表的形状像一本书，上边一面刻着"《短篇小说集》，安·契诃夫著"；另一面刻上"第 267 页，第 6、7 行"的字样。如果把契诃夫那本小说集的第 267 页打开，就能在第 6、7 行上读到这样一句话："如果你什么时候需要我的生命，就请你前来将它取走。"这句话来自契诃夫的短篇小说《邻居》（1892）。而整个这个阿维洛娃向契诃夫表爱的细节，契诃夫略加改动用到了他第二年写成的四幕剧《海鸥》里。

但真正与《海鸥》有关系的并不是阿维洛娃，而是米齐诺娃，在《海鸥》女主人公妮娜身上分明有米齐诺娃的影子。

米齐诺娃是契诃夫妹妹玛丽亚小学教书时的同事，后来成了契诃夫家的常客。米齐诺娃长得特别漂亮，契诃夫兄弟几个对她都有好感。玛丽亚要向别的客人介绍米齐诺娃，就说"她是我和我的兄弟们的朋友"。1890 年 4 月 21 日契诃夫踏上萨哈林岛之旅，米齐诺娃也曾到火车站为契诃夫送行。1891 年 1 月两人开始通信，到 1900 年为止，契诃夫给米齐诺娃写过 67 封信。米齐诺娃与契诃夫频繁交往的时候，同时也和画家列维坦关系暧昧。1891 年 1 月 13 日，米齐诺娃在给契诃夫的信里，意味深长地写了这样一句话："您要知道，如果列维坦哪怕有一点像您，我就会请他吃晚饭了。"这可能是少女的狡猾，她想激起契诃夫的醋意。

米齐诺娃的策略有了成效。1891 年 5 月 17 日，契诃夫在莫斯科郊区的别墅给米齐诺娃写信，头一次表现出了她所期望的热情："请您来闻闻花香、钓钓鱼、散散步和唱唱歌……您到我们这儿来吧，我们会热情地拥抱您的。"但不见回音，5 月 23 日再发一信，以妹妹玛丽亚的名义请她复信，但迟至 6 月 12 日才接到回信，于是迫不及待地当天又从别墅里给米齐诺娃发出一信，信纸上还画一个飞箭穿心而过的图画。信是这样写的：

迷人的、美妙的丽卡！

您迷恋上了列维坦之后，完全忘记了向我弟弟伊凡做过的要在 6 月 1 日来我家做客的许诺，我妹妹写给您的信，您也不做回答。我也给您往莫斯科写过信，邀请您来做客，但我那封信也成了沙漠里的得不到回音的呼喊……您应该知道，我们的每一天对您的期待，不仅让我们心神不宁，同时也增加我们的开销：我们自己吃午饭一般只喝昨天留下的菜汤，而如果待客，我们还要到邻村去买牛肉做热菜。

我们的花园非常好，浓绿的林荫路，幽静的角落、小河、磨坊、小船、月夜、夜莺、火鸡……在小河和池塘里有聪明的青蛙。我们常去散步，而且我常常闭着眼睛，把右臂膀弯成一个半圆，想象着是您正与我挽手同行。

这封信，如果我们把它当作情书来读，那么可以肯定地说，契诃夫对待米齐诺娃的态度与对待阿维洛娃的态度是完全不同的，至少在

1891 年 6 月，契诃夫对米齐诺娃已经有了超乎一般的好感。

1892 年春天契诃夫搬到梅里霍沃之后，契诃夫与米齐诺娃之间的感情游戏达到了高潮。3 月 27 日，契诃夫给米齐诺娃写了一封诗意洋溢也充满内心痛苦的信：

> 丽卡，严寒在庭院里，也在我的心底里……丽卡，春天何时来临？这后边一个问题请您按字面理解，其中并无他意。呜呼，我已经是个苍老的年轻人，我的爱情不是太阳，无论是对于我本人，还是对于我爱着的小鸟，都成不了春天的气候！丽卡，我热烈地爱着的，不是你。在你身上我爱着我过去的痛苦和逝去的青春。

契诃夫的这封信是颇值得玩味的。“苍老的年轻人”，这是精神上的“苍老”，还是身体上的“苍老”？不管如何，契诃夫的这个自我定位似乎都在向对方传达一个信息：在他们的恋情中他不准备跨出决定性的一步。这自然会引起米齐诺娃的不悦，而契诃夫依然用他的幽默才华继续他们之间的情感游戏。请看契诃夫于 1892 年 11 月 23 日写给米齐诺娃的一封信：

> 亲爱的丽卡，您来信说您很伤心地离开了梅里霍沃，还说您在莫斯科无法排遣您的苦恼。您希望我相信您？我的天使！您是如此地搅昏了我的头脑，我甚至准备相信 2+2=5。

米齐诺娃对于契诃夫的戏谑式的谈爱方式，有时弄得不知所措，她也想冷却一下自己的热情，不想过于频繁地到梅里霍沃去做客，可是这样一来，又把契诃夫的热情吊了起来，1893 年 8 月 13 日，在多时没有见到美丽的女友之后，契诃夫忍不住给米齐诺娃写了这样的信：“可爱的丽卡……可爱的金发女郎，来吧，我们可以聊聊天、吵吵嘴，然后再和好。没有您，我很寂寞，我愿意出5个卢布买到与您攀谈5分钟的机会。”

照样是玩笑与恋情的交融。米齐诺娃虽然响应契诃夫的召唤，继续当梅里霍沃的常客。但她终于确认她与契诃夫的恋爱不可能最终导致两人的结合。她暗地和也常到梅里霍沃去做客的俄国作家波塔宾科（1856—1928）搞上了关系，并于1894年春天两人一起私奔到了巴黎。

有人专门研究过契诃夫与米齐诺娃的恋情。研究者格罗斯曼的结论是：“这位颇有个性的金发女郎无疑得到了契诃夫的喜爱。但他不敢越出界限，生怕被牢不可破的联系拴住。只是到了很晚的时候，他才意识到婚姻是生命的所需，但认识到这一点的时候，死神已经来到了他面前。”1974年版《契诃夫传》作者别德尼科夫教授不赞成格罗斯曼的这个观点，他认为契诃夫没有走出决定性的一步，是因为米齐诺娃还不是契诃夫的理想的意中人。

我比较认同格罗斯曼的观点，因为契诃夫在与米齐诺娃“热恋”的那几年里，他一直是怀疑“幸福婚姻”会带来“幸福生活”的。1894年他写了篇小说《文学教师》。文学教师尼基丁和少女玛霞谈恋爱，尼基丁觉得幸福极了——“自从尼基丁爱上玛霞以后，谢莱斯托夫家的东西样样都使他满意：房子、花园、晚茶、藤椅、老奶妈……”刚刚结婚，他也充满了幸福感——“现在他的顶幸福的日子是礼拜天和假日，那时他可以一天到晚地在家里待着。遇上那种日子，他过着天真的、然而非常愉快的生活，那生活叫他联想到田园诗。他一点也不觉得厌倦地瞧他那敏感的、实事求是的玛霞怎样布置她的窠儿；他自己热心地想表示自己在家里也有点用处……”但尼基丁过了一段“幸福的家庭生活”之后，终于发现这日复一日的日常生活，哪怕是“幸福”的日常生活，也是很可怕的，应该避之犹恐不及的。小说的结尾，是小说主人公的近乎绝望的呼喊：“天呐，我是在什么地方啊？我给庸俗，庸俗，团团围住。叫人讨厌的、无足轻重的人啦，一罐罐的酸奶酪啦，一瓶瓶的牛奶啦，蟑螂啦，蠢女人啦……再也没有比庸俗更可怕，更叫人痛心，叫人愁苦的东西了。我得从这儿逃掉才行，我得今天就逃才行，要不然我就要发神经病啦！”

契诃夫是“庸俗”的极端的反对者。在契诃夫的观念里，夫妻日夜相伴的日常生活似乎也是一种“庸俗”，他警惕着不要让自己掉进表面上很“幸福”的婚姻生活的陷阱。因此，当苏沃林在1895年3月再次劝他尽早结婚的时候，他于1895年3月23日毫不领情地写信回答说：

> 您如果愿意，我可以结婚。但我有个条件：生活还是照旧，也就是说她照旧住在莫斯科，我照旧住在乡下，我可以去看望她。朝朝暮暮，日复一日的幸福我忍受不了。……我可以保证做个模范丈夫，但请您给我找一个这样的女人，她像月亮那样不会每天都出现在我的天空。

过了几个月之后，他在1895年11月10日那天又给苏沃林写信，说明他对婚姻生活的无法适应：“我害怕妻子和家庭生活的常规，它会束缚住我，而且也与我的杂乱无章的散漫不能相容。”

对“朝朝暮暮、日复一日的幸福”视为畏途的契诃夫，自然不可能给予米齐诺娃组织家庭的承诺，契诃夫与米齐诺娃的分手也就是必然的了。

然而，米齐诺娃跟着波塔宾科私奔到巴黎去之后，也没有得到幸福的家庭生活。波塔宾科不久就遗弃米齐诺娃，回到了原先的妻子身边。米齐诺娃生下了一个女孩，不久也夭折了。1894年9月20日，米齐诺娃从瑞士给契诃夫写了一封语调凄婉的信：

> 看来，这是我的命，我爱着的男人最后都要背弃我。我非常非常不幸。您别笑话我。过去的丽卡已经无影无踪。我左思右想，还是不得不说，这一切都是您的过错。当然，这也是命运。我只能说，我忍受了以前从来没有想到要忍受的痛苦时刻。

我只有一个人，周围没有一个我可以与之倾诉痛苦的人。但愿别人不会遭遇到像我遭遇到的不幸。一切都不明不白，但我想，您全都清楚。您可是个心理学家。我想，再过些时日，我也会忍受不住的。我相信您，相信您能给我写几句话。也可以像通常那样，骂我几句，说我是傻瓜，但这也要比沉默要好。

契诃夫在尼斯收到了米齐诺娃的信，便于1895年10月2日分别给他妹妹和米齐诺娃寄了短信。给妹妹的信里写道："我在尼斯。这里很热，大海呼啸，但有意思的东西不多，因为我过去到过此地。从这里我要到巴黎去几天，然后回俄罗斯。原本想在巴黎见到丽卡的，但她现在在瑞士，我去不了。而且我也跑得厌倦了。已经到过米兰和热那亚。波塔宾科是头猪……"

给米齐诺娃的信是这样写的：

可爱的丽卡，我今天到了尼斯并收到了您的所有的信。很遗憾，我不能到瑞士去，因为我和苏沃林同行，他必须到巴黎去，在那待三四天，然后回梅里霍沃。在巴黎我们将下榻大旅馆。

您不必在信里写到我对别人的漠不关心。别难过，振作起精神，爱护自己的身体。向您深深地鞠躬，紧紧地握您的手。

契诃夫得知丽卡·米齐诺娃被波塔宾科抛弃的消息，自然对丽卡是寄以同情的，所以准备顺道去看看米齐诺娃，还骂"波塔宾科是头猪"，但契诃夫不肯接受米齐诺娃在信里对他的责备，所以在给米齐诺娃的信里说"您不必在信里写到我对别人的漠不关心"。自然，契诃夫没有对于米齐诺娃的命运漠不关心，而且米齐诺娃也没有因为对契诃夫心存怨气而忘怀对于契诃夫的一片真情。1898年10月米齐诺娃重返巴黎之后，给契诃夫写了封信并附上一首情诗：

我的日子或将明亮或将阴暗，

我也许不久就无影无踪——

但我知道，直到我生命的最后一刻，

我的全部思想，感情，歌声和力量，

都是属于你的！

信的后边还附有一句话："这首诗我可以在八年前写的，但我现在写了，十年之后我还能这样写。"

1897 年，契诃夫与米齐诺娃在梅里霍沃庄园。

但十年之后米齐诺娃不可能再写这样的诗句给契诃夫……那时契诃夫早已不在人间。契诃夫的妹妹在关于米齐诺娃的回忆录的最后一段是这样写的：

我忘不了安东·巴甫洛维奇在莫斯科下葬之后，丽卡来看望我们的情景，她穿着一身黑衣裳，两个小时默默地站在窗口，不回答我们向她提出的任何问题……所有的往事似乎都回到了她的眼前……

米奇诺娃比契诃夫小十岁，她是1939年去世的，终年69岁。因为米奇诺娃是《海鸥》中妮娜一角儿的生活原型，因为她也有了“契诃夫的海鸥”的美称，也有位俄国学者说：“契诃夫的妮娜牵着米奇诺娃的手，将她领进了俄罗斯文学。”

不可否认，契诃夫与米奇诺娃相识、相恋的将近九年时间，也恰恰是契诃夫文学创作的最辉煌的时期。这九年间的契诃夫作品中，有不少米奇诺娃的痕迹，给契诃夫的作品平添了不少情感的色彩。

《海鸥》的命运

契诃夫写作剧本《海鸥》的最初的创作冲动，很可能是有感于米齐诺娃的不幸命运，剧作者无疑是把米齐诺娃被波塔宾科“始乱终弃”的生活遭遇写进了剧本主人公妮娜的命运之中。米齐诺娃也把《海鸥》的女主人公看作是她自己。至于《海鸥》中作家特里果林的原型，当时很多人都一眼认出是波塔宾科。

艺术形象与生活原型的关系是很复杂的，我们自然不能简单地在妮娜与米齐诺娃之间画等号。妮娜与米齐诺娃都渴望当演员，但米齐诺娃缺乏表演天赋，没有当成演员，但《海鸥》里的妮娜最后可以自豪地说：“我已经是个真正的演员，我演戏的时候感受到巨大的欢愉，我陶醉在舞台上，觉得自己十分的美。”但妮娜的形象中有米齐诺娃的影子，则是毫无疑问的；而且正因为如此，妮娜的命运在契诃夫的笔下，才显得那么哀婉动人。契诃夫自己曾戏称《海鸥》里有“五普特[①]爱情”，契诃夫在这个剧本中投入的情感太重了。

但《海鸥》现在已经得到世界戏剧界普遍公认的历史意义，是完全超越了剧作者的个人的情感因素的了。契诃夫在写作《海鸥》之前，已经写过几部剧作，但契诃夫的划时代的戏剧革新是从《海鸥》开始的。

① 1普特 =16.3805 千克

契诃夫在梅里霍沃的庄园里写《海鸥》，《海鸥》的故事也发生在一处俄罗斯的庄园里，它第一幕的舞台指示是这样开始的："索林家庄园里花园的一角。一条宽阔的林荫道，向花园深处的湖泊延伸。一座为家庭演出临时搭起的舞台，拦腰隔断了这条林荫道。"全剧的头两句台词，是散步归来的小学教师梅德维坚科和他的妻子玛莎的两句意味深长的对白：

麦德维坚柯　你为什么总是穿黑衣裳？

玛莎　　　　我为我的生活戴孝。我很不幸。

而剧本的头号男主人公特里波列夫一出场，就站在临时搭成的舞台上，向大家介绍他的这座独一无二的舞台："这就是我们的舞台。大幕、侧幕、二道幕，一个空的空间。没有任何布景。一眼望去，看得见湖水和天边。"也是站在这个舞台上，他以一个青年戏剧革新者的姿态对旧戏剧发起挑战：

可是在我看来，目前的戏剧不过是一种成规老套和偏见罢了。幕布一拉开，脚灯一照亮，在一间有三堵墙的房间里，这些伟大的天才，这些神圣艺术的祭司们，就给我们表演起人们怎样吃饭、怎样喝茶、怎样恋爱、怎样走路、怎样穿衣；他们拼命想从那些庸俗的场面和台词里，挤出一点点浅薄的、离不开家长里短的说教，明明可能有一千种情形出现，他们却永远只是给我看一种东西，永远是那一种东西——这样，我只好逃之夭夭。就像莫泊桑非得躲开埃菲尔铁塔一样，否则，这种庸俗会把人的脑子搅碎。

特里波列夫的结论是："应该寻找新形式。需要新形式。"而且还对埋怨他的剧本里"没有活生生的人物"的妮娜，说明了他的文学观念：

“我们描写生活，既不能照着生活原来的样子，也不能照着它应该是怎样的样子，而是应该照着它在我们幻想中的那个样子。”接下去就由剧本的头号女主人公妮娜在戏中戏里朗读特里波列夫写的颇有现代派味道的长篇独白：

> 人、狮子、鹰、鹧鸪、鹅、蜘蛛、头上长角的鹿、水中无言的鱼、海盘车和肉眼看不见的一切生灵，总而言之，一切的生命，一切的生命，一切的生命，在完成了他们的悲惨的轮回之后，都死灭了……几千个世纪里，大地上不存在任何活物，凄冷的月亮徒然地泛着白光。大草原上，不再传出鹭鸶在清晨里的长鸣，菩提林中，不再听到甲虫在五月中的低吟。寒冷、寒冷、寒冷。空虚、空虚、空虚。可怕、可怕、可怕。
>
> 生灵的肉体化为了灰尘，永恒的物质将它们变成了岩石，流水和浮云。而它们的灵魂融合为一体。这共同的宇宙灵魂，就是我……我……亚历山大大帝、恺撒、莎士比亚、拿破仑的灵魂，和最低级的水蛭的灵魂，都凝聚在我的身上。在我的身上，既有人类的理性，也有动物的本能。我记得一切，一切，一切，我把每一个生命都在我身上重新体验了一次。
>
> 我孤独。每一百年我只张一次嘴，说一次话。我的声音就在这空虚中悲凉地回响，谁也听不见……你，惨白的亮光也听不见我的声音……黎明之前，一潭死水将你降生，你漂泊游荡，直到彩霞满天，你没有思想，没有意志，没有生命的震颤。永恒的物质之父，魔鬼，生怕生命又在你身上复苏，便对你进行不间断的原子的转换，像对待岩石和流水一样，可是，你不间断地跟着变形。在广漠的宇宙中，除了精神之外，没有一样可以固定不变。
>
> 我，像一个被投入荒凉的深井里的囚徒，不知道现在自己

在什么地方，不知道什么命运在等待着我。我只知道要和一切物质之父的魔鬼进行一场顽强的殊死搏斗。我注定要赢得这场战斗。只有在取得这个胜利之后，物质与精神才能结合在美妙的和谐之中，宇宙意志的王国才会降临大地。但这将是个极其缓慢的、要绵延千千万万年的过程，到那时，月亮、光明的天狼星和地球都化为灰烬……而在这之前，仅仅只有恐怖，恐怖……

特里波列夫的充满“现代派”味道的戏没有演完，因为在台下看戏的他的母亲阿尔卡基娜说了几句挖苦的话，特里波列夫一怒之下停止了演出，母子之间因为这出“戏中戏”的争执，也是《海鸥》里的头一个戏剧性的冲突。

那么，契诃夫本人是如何看待特里波列夫的戏剧革新的主张的呢?应该说，契诃夫基本上是同情他的剧中人物的这种戏剧革新的冲动的。因为契诃夫同样的不满于当时的戏剧现状，同样的主张要用新的戏剧结构方法进行戏剧创作，即便是特里波列夫剧本里的那大段被阿尔卡基娜指责为“现代派的梦话”的独白里，也有为契诃夫感到亲切的思想，如关于“共同的宇宙灵魂”的遐想，如对于“物质之父的魔鬼”的警惕，如对于“物质与精神结合在美妙的和谐之中”的渴望。当然，生活不仅是复杂的，甚至是残酷的。几年之后，特里波列夫陷入生活与创作的双重危机，只好叹息道：“我一直在鼓吹新形式，可是现在我感到，自己正一步一步地陷入到旧的陈规老套里去了。”于是他越来越认识到，“问题并不在于形式的新与旧，而是在于一个人从事写作根本无须考虑什么形式，他写作是因为有东西要自由地从心中流淌出来。”

契诃夫在写作《海鸥》的时候，心态也是极其自由的，他甚至把传统的戏剧规则也置之不顾。契诃夫在创作《海鸥》时写给友人的两封书信可以为证。一封写于1895年10月21日：

> 您可以想象，我在写部剧本……我写得不无兴味，尽管毫不顾及舞台规则。是部喜剧，有三个女角，六个男角，四幕剧，有风景（湖上景色）；剧中有许多关于文学的谈话，动作很少，五普特爱情。

另一封写于同年 11 月 21 日：

> 剧本写完了。强劲地开头，柔缓地结尾。违背所有戏剧法规。写得像部小说。

“毫不顾及舞台规则”、“违背所有戏剧法规”、“写得像部小说”云云可能有言过其实的渲染，但《海鸥》对当时欧洲传统戏剧的“戏剧法规”的冒犯，的确是很明显的。

比如，契诃夫在第一封信中指出《海鸥》是“四幕剧”，这就是违背了分幕的“戏剧法规”。传统的欧洲戏剧分幕一般都采取奇数结构，即分五幕或三幕。奇数分幕结构的剧本易于获得高潮居中的戏剧性效果。契诃夫背离奇数结构的编剧传统，把他所有的多幕剧都写成四幕剧，这种形式的创新正好反映了他不想像其他的剧作家那样地去刻意追求戏剧的高潮点，而是把我们能在舞台上看得到的戏剧事件“平凡化”与“生活化”。比如，如果我们转述《海鸥》的戏剧故事，肯定要说到妮娜跟着特里果林私奔莫斯科以及妮娜的被遗弃和孩子的夭折。但这些很有“戏剧性”的事件，都被契诃夫放到了幕后。“动作很少”的含义恐怕也在于此。

再说“风景（湖上景色）”。《海鸥》里的“湖上景色”不是一般戏剧作品中的物质环境。这片湖水和那只海鸥一样，是一个诗意的象征。妮娜不顾父母阻挠前来与特里波列夫相会、登台演戏，是因为她“被这片湖水牢牢地吸引着，像一只海鸥”。

关于契诃夫戏剧的象征艺术特征，高尔基早在 1898 年写给契诃夫的一封信中就点明了：“《万尼亚舅舅》和《海鸥》是新的戏剧艺术，在这里，现实主义提高到了激动人心和深思熟虑的象征。”

《海鸥》中的海鸥，就是一个“激动人心和深思熟虑的象征。”

在《海鸥》这个剧本里，有两条情节线索是和海鸥这一形象联系着：

在第二幕里，特里波列夫提着一支猎枪和一只被他打死了的海鸥上场，并将海鸥放在妮娜的脚下。特里波列夫说：“我今天做了件丢脸的事，把这只海鸥打死了。我把它献在您脚下。”然后又说：“不久的将来，我也会照这样子打死我自己。”妮娜诧异地对特里波列夫说：“您近来脾气好古怪。说的话不知所云，尽用些象征。现在又是一只海鸥，大概，也是个象征。”

这头一条线索无疑是和特里波列夫的命运有所关联，因为到了全剧终了的时候，这位青年作家也的确是“照这样子打死”了他自己的。

第二条线索和特里果林对妮娜说的“一个短篇小说的情节”有关：“在一片湖水边，从小住着一个少女，像您一样的少女。她爱恋着这片湖水，像一只海鸥；她也像只海鸥那样地自由和幸福。可是，偶然间来了个人，看见了她，只因为无事可做，便把她毁了，就像这一只海鸥。”

这只“爱恋着这片湖水”的海鸥，应该是暗指着妮娜，她也几乎被人“毁了”，但最终还是高高地飞翔了起来。这层意思被妮娜在最后一幕面对特里波列夫说的那段充满激情的台词里充分体现了出来：

> 您不知道，当一个人意识到自己演得很糟将是一种怎样的心情。我是海鸥，不，不是……您不记得您打死过一只海鸥吗？偶然间来了个人，看见了她，只是因为无事可做，便把她毁了……一个短篇小说的情节……啊，不是的……现在我已经不是那个样子啦……我已经是个真正的演员，我演戏的时候感受到巨大的欢愉，我陶醉在舞台上，觉得自己十分的美……我现在才知道，才懂得，在我们的事业中——不管是演戏还是写小

说，重要的不是荣誉和荣耀，也不是我曾梦想过的东西。重要的是善于忍耐。要肩负起自己的十字架，要有信仰。我有了信仰，于是就不再那么痛苦，而当我一想到自己的使命，也就不再害怕生活。

《海鸥》还有一个特别的地方，是里边有不少关于文学的谈话，这些谈话出自剧中的两位作家特里波列夫与特里果林之口，而且这些言论很大程度上反映了契诃夫本人的文学理念。比如，特里果林在第二幕里对妮娜说的这一段话：

我爱这片湖水，这些树木，这片天空，我钟情于大自然，它能在我心中激荡起热情和写作的强列欲望。然而，我不仅仅是个风景画家，我还是个公民，我热爱我的祖国和人民，我深深感到，如果我是个作家，就有责任写人民，写他们的痛苦，写他们的未来，讨论科学和人的权利，以及其他等等。我要写所有的这一切，我匆忙地赶着写，人们从四面八方鞭策着我，还生着我的气。我左冲右撞，活像一头被猎犬追赶着的狐狸，眼看生活和科学在不断地前进、前进，而我自己，像个误了火车的农民，越来越落伍了。

契诃夫说他写的《海鸥》，“违背所有戏剧法规。写得像部小说”。这里透露了契诃夫戏剧创新的一个重要特点：契诃夫把传统戏剧的这个封闭的世界打开了。站在新的20世纪门槛前的契诃夫，意识到可以把原先的“戏剧法规”打破，把戏剧与散文（即小说）以及抒情诗之间的樊篱打破，同样的，也可以把戏剧现实主义的内涵与外延扩大。契诃夫是位艺术综合的大师。他大胆地把诗的抒情性、小说的叙述性都编织进戏剧的肌体里。他也把19世纪末露头的自然主义和象征主义与现实主义嫁接。也就是说，契诃夫把他那个时代的艺术现代主义的精华吸收到自己的现实主义的艺术机体内，从而实现了对于现实主义的超越。正由于契诃夫实现了这一大跨度的超越，现在欧洲的戏剧评论家们乐于把契诃夫戏剧视为 20 世纪现代戏剧的开端。

契诃夫不仅对艺术具有现代精神的认识，他对生活的认识同样具有现代精神。他不愿意用绝对化的眼光看待人与事，他扬弃非此即彼、非黑即白的简单化判断。因此，他的戏剧人物也是很难用传统的“正面人物”或“反面人物”的尺度来绝然分割的，就像他自己声明的那样，在他的剧本里“既没有一个天使也没有一个魔鬼”。

由此，导引出契诃夫戏剧的一个意义更为重大的创新——在戏剧冲突的构建上，以“人与环境的冲突”取代“人与人的冲突”。在契诃夫的戏剧中不是这个剧中人物和那个剧中人物势不两立，而是所有这一群剧中人物都被环境和生活所压迫。《海鸥》中的两个作家——特里波列夫和特里果林好像是一对“情敌”，实际上契诃夫把自己的文学理想分别融解在他们的创作冲动中，也让他们共享着剧作者的同情。我们简直无法判断，契诃夫对他笔下的两位作家中的哪一位更偏爱，但我们可以确切地说，这两位作家都在与环境的共同冲突中痛苦着。

痛苦的根源在哪里？主要是在于物质与精神的事实上的难以和谐。于是我们就能知道《海鸥》第一幕的戏中尼娜如下独白的意义：

> 我只知道要和一切的物质之父的魔鬼进行一场顽强的殊死搏斗……只有在取得这个胜利之后，物质与精神才能结合在美妙的和谐之中……但这将是个极其缓慢的、要绵延千千万万年的过程……

只要“物质与精神结合在美妙的和谐之中”的境界，仍旧是人们心中的希望，契诃夫戏剧就永远保持新鲜的现代感。契诃夫戏剧现在之所以能让现代文明世界的人们感到亲切，说穿了就是因为这些早已解决了温饱问题、物质困难的现代人，可以理解契诃夫的戏剧人物的精神痛苦。当然，早已拓宽了审美眼光的现代人，也更容易接受契诃夫的戏剧革新。

契诃夫作为剧作家的世界性地位，现在已经得到公认。但当初契诃夫因为写《海鸥》遇到了很多麻烦，因为这个剧本大大地打破了戏剧的常规。

《海鸥》脱稿后先送给了莫斯科小剧院，小剧院的首席演员连斯基（1847—1908）读完剧本后毫不客气地给契诃夫写信说：“您知道，我对您的才华评价极高，您也知道，我十分敬重您。所以我应该对您完全坦率。别再写剧本了。这就是我对您的最友善的忠告。您完全不是写剧本的人。”

托尔斯泰的观点与连斯基的观点一样，托尔斯泰也认为契诃夫写小说是个高手，写剧本则完全外行，劝他别在戏剧上浪费精力。

但契诃夫很固执。既然莫斯科小剧院不接受他的《海鸥》，便把它转送到了彼得堡皇家剧院。皇家剧院把它排出来了，但演砸了。剧评家们像是串通好了似的对这个戏齐声喝倒彩。有篇剧评冷潮热讽道：“这不是海鸥，而是野鸭！”

《海鸥》的演出海报。

1896年10月17日彼得堡皇家剧院首演《海鸥》的失败，也是在俄国（恐怕不仅是俄国）戏剧史上留下浓重的痕迹的。失败表现在哪儿？表现在剧场里那种非艺术的氛围。剧场里的观众不时地发出毫无道理的哄笑声。妮娜朗读的那大段“人、狮子、鹰、鹧鸪……”的长篇独白，是在观众的毫无艺术良知的哄笑声中读完的。第一幕完毕，扮演妮娜的女演员科米萨尔日芙斯卡娅（1864—1910）含着眼泪跑到后台向导演卡尔波夫（1857—1926）哭诉说：“这太可怕了！他们为什么不停地笑？”

坐在包厢里看戏的契诃夫，就在这一片可怕的笑声中走出了剧院。他没有看完演出。他一个人独自在寒冷的夜里踯躅在彼得堡街头。第二天清晨他乘火车回莫斯科，他的精神是如此的沮丧，以至于把随身携带的皮箱忘在了火车上。在10月18日这天，契诃夫写了三封信，都说到了昨天《海鸥》首演的失败，以及演出失败之后的心境。一封是写给苏沃林的，要求他暂时别发表《海鸥》，并且赌气地说：“我以后再也不写剧本了。”一封是写给弟弟米哈伊尔的，信里说，“剧本演砸了。在剧场里笼罩着沉重的误解与羞辱。演员演得很糟。由此得出结论：不应该再写戏了。”我们权当把这些看作是契诃夫说的气话，而并非是他的真情实感。还有一封信是写给妹妹玛丽亚的，契诃夫这封信的语气就较为平和：“昨天发生的事没有特别让我伤心，因为我看过他们的排练，对此有了思想准备，我的情绪并不十分糟糕……”

因为演出不成功，《海鸥》在彼得堡皇家剧院仅仅演过八场就停演了。但就在这个时候，出现了一个改变《海鸥》命运的人，他就是俄国的小说家、剧作家兼戏剧教育家聂米洛维奇–丹钦科（1858—1943）。

丹钦科于1896年11月11日给契诃夫写了封信，阐述了他对彼得堡皇家剧院没有把《海鸥》演成功的原因。原因是导演和演员既不理解剧中人物，也不理解剧本的整体情绪。丹钦科在信中直接点了导演卡尔波夫的名：“卡尔波夫是怎么搞的？他的文学趣味到哪里去了？也许他压根就没有文学趣味……”

1898 年 4 月 25 日，丹钦科又给契诃夫发出一封信，信的一开头就告诉契诃夫说他和斯坦尼斯拉夫斯基（1868—1938）正在筹建莫斯科艺术剧院，然后又说到他想排演《海鸥》的愿望：

> 戏剧观众还不知道你。应该让一个有艺术趣味、懂得你的剧作的美质的文学家（他同时又是个出色的导演）来表现你。我以为我自己就是这样的人选。我抱定了揭示《伊凡诺夫》和《海鸥》中的对于生活和人的灵魂的奇妙展现的目的。《海鸥》尤其吸引我，我可以完全担保，只要是精巧的、不落俗套的制作精良的演出，每个剧中人物的内在的悲剧就会震撼戏剧观众。也许，这个戏不会引起观众的热烈掌声，但我担保，一个有新鲜的创意、远离陈规俗套的演出，将是艺术的胜利。现在就差得到你的许可。

丹钦科的这封信没有得到契诃夫的积极回应。丹钦科便于几天之后的 5 月 12 日又发出一信，用近于哀求的语气对契诃夫说：“如果你不给，那会置我于死地，因为《海鸥》是唯一的一部吸引着作为导演的我的现代剧。”契诃夫终于被丹钦科的诚恳打动了。

获得契诃夫的准许之后，丹钦科立即投入了准备排演《海鸥》的工作。最重要的准备工作，是向演员讲述《海鸥》的内在美，即契诃夫戏剧的“潜流”。他不仅要对演员讲，还要对他的搭档、准备担任此剧导演的斯坦尼斯拉夫斯基讲，让这位大导演终于明白，“那些总要企图去表演或表现契诃夫的剧本的人是错误的。必须存在于，即生活、生存于他的剧本中。”丹钦科和斯坦尼斯拉夫斯基用了很大的精力在营造契诃夫戏剧的情绪或情调上。请看，斯坦尼斯拉夫斯基在《海鸥》的导演提纲中，是怎样设计第一幕的开首和结尾的：

此剧在暮色中开始，这是一个八月的夜晚。路灯昏暗。远处传来醉汉的歌声、野狗的吠声、青蛙和秧鸡的叫声，间或还能听到远处教堂的几处钟声。所有这一切能够帮助观众感觉到剧中人物的忧伤和单调的生活。远处有闪光隐现，远处的闷雷隐约可闻。

这是第一幕的开头，再看它的结尾：

静场。玛莎伤心地、纹丝不动地坐着。从屋子里传来庸俗之极的华尔兹舞曲……静场15秒钟。多恩抚摸着玛莎的头。粗俗的华尔兹舞曲越发响了。教堂的钟声、醉汉的歌声、青蛙和秧鸡的叫声又起。还有更夫的击梆声以及其他一些夜晚可能出现的声响。幕落。

在上引的两段导演提纲里，除了“幕落”与原剧舞台指示相符外，“多恩抚摸着玛莎的头”与原剧中的舞台指示：“玛莎把头埋在他（多恩）的胸前”相仿佛，其余统统都是斯坦尼斯拉夫斯基添加进去的。这样充分利用音响效果以及大胆使用“静场”的导演手法，在今天已经是司空见惯的了，而在1898年，这却是前无古人、后启来者的创造发明。而正是这个前无古人的舞台创造，把契诃夫戏剧的潜在的戏剧性，把契诃夫戏剧的独一无二的情调营造到了舞台上。

莫斯科艺术剧院于1898年12月17日首演《海鸥》，获得了巨大的成功。妮娜在戏中戏里朗读“人、狮子、鹰、鹧鸪……”的片断，两年前在彼得堡的皇家剧院里，曾引发观众的一阵阵哄笑，而在这个演出中，让观众觉得这是一个被诗人的抒情情调所渗透的长篇独白，是深刻而美丽的。观众聚精会神地听着，妮娜的独白在剧场的静默中回响出来，抓住了所有的人。

契诃夫（中排左二）与莫斯科艺术剧院的演员们在一起。

第一幕演完，幕落下了，剧场里出现了罕见的坟墓一般的静寂，好像所有的人都屏住了呼吸似的。然后是一阵震耳欲聋的鼓掌声，像一个水闸爆开了一般，轰鸣起来。第二幕获得同样的成功。第三幕演完之后，后台的演员们互相拥抱，接吻，像过复活节一样。丹钦科走上舞台，观众要求剧作者出场，丹钦科说剧作者契诃夫正在雅尔塔养病，提议是否可以给他发个电报报告演出成功的喜讯，欢腾的观众报之以喝彩表示响应。那天夜里丹钦科发出了由他拟稿的电报。电文如下：

> 契诃夫。雅尔塔。
>
> 我们刚演过《海鸥》，巨大成功。自第一幕起，戏即抓住每一观众，随后是一连串胜利。不断地谢幕。我在第三幕闭幕时，对观众宣布剧作者不在场，引得观众要求给你拍个电报。我们快乐得发狂，我们全体热烈地拥抱你。

丹钦科后来在回忆录里详细地记述了首场演出《海鸥》的盛况。他下了“新剧院从此才诞生”这一断语，意思是说《海鸥》奠定了莫斯科艺术剧院的基石。后来，一只展翅飞翔的海鸥成了莫斯科艺术剧院的院徽。丹钦科解释说："绣在我们剧院幕布上的海鸥院徽，象征着我们的创作源泉。"

一个演出造就了一家剧院，也拯救了一个剧作家，这在世界戏剧史上也是极为罕见的。

契诃夫与托尔斯泰

1896 年 10 月 17 日《海鸥》在彼得堡皇家剧院首演失败以及契诃夫在那个寒夜的街头踯躅，不仅在精神上，也在身体上对契诃夫带来了很大伤害。1897 年春天契诃夫得了重病，3 月 22 日凌晨，他大口大口地吐血，病情出现了险象，1897 年 3 月 25 日早晨，契诃夫的朋友，奥鲍隆斯基医生把他送进了莫斯科的奥斯特罗莫夫医院。

契诃夫很早就有咳血史，他的肺结核症状由来以久，但被他忽略了。契诃夫第一次提到咳血是在 1884 年 12 月 7 日给一位中学同学的信里："工作很忙，挣的钱很少，冬天的天气很恶劣，身体情况不好……本想在过节前去一趟彼得堡，但咳血（不是肺结核）把事情耽误了。"

契诃夫第一次咳血时已经从莫斯科大学医学系毕业，但他还是轻率地给自己排除了肺结核的可能。直到 1888 年 10 月才在给苏沃林的信里比较详细地讲述自己的病状："先说咳血……第一次发现咳血是在三年前的区法院里……此后每年要咳两次血，有时血很多，也就是把吐出的痰都染红了，有时血不多……每到冬、秋、春三季，以及夏季的阴雨天，我都要咳嗽。但只有当我见到吐血的时候，我才担心。口中流出来的血总是不祥之兆。"但他仍然否认自己得了肺结核，他的理由是："如果我在区法院那次咳血是早期肺结核的症状，那我就早已到了另一个世界去了——这就是我的逻辑。”

这显然是个自我安慰、自我麻痹的逻辑。但将自己的病症“大事化小”，在契诃夫也有宽慰亲朋好友，特别是宽慰年迈老母的苦衷。而从另一个角度说，他心存侥幸也是因为心怀大志。19 世纪 80 年代末，当契诃夫力图“说服”自己和别人相信自己并非肺结核患者的时候，他正在酝酿做一件大事——只身考察萨哈林岛。

萨哈林岛之行对契诃夫的身体是一次大的损伤，而《海鸥》在彼得堡首演的失败在剧作者心灵上造成的创痛，直接影响到了本来日见衰弱的病体，直到 1897 年 3 月 25 日住进医院，契诃夫才不得不正视肺结核病的现实。契诃夫的妹妹到医院探视，刚走到门口，便听到契诃夫在病房里懊恼地自言自语：“我怎么把这病给耽误了？！”

契诃夫住院的当天，苏沃林就来看望他。苏沃林在日记上写道：

> 契诃夫住在 16 号病室，就像奥鲍隆斯基医生发现的那样，比他的《第六号病室》多了 10 号。病人一边往大茶杯里咳血一边还像往常一样地开玩笑。但当我说起我看到了莫斯科河的解冻，他收起了笑容问：“难道河已经解冻？”我很后悔提到了这个。可能，他想到了河的解冻是否与他的吐血有什么联系？几天前他对我说过：“当你给得了肺病的农民看病，这个农民会说：治不好的，冰一化，我也跟着走了。”

第二天，阿维洛娃去看望契诃夫，回家的路上恰好碰到列夫·托尔斯泰。阿维洛娃回忆说：

> 我和他说起了安东·巴甫洛维奇。
>
> 这是怎么回事，托尔斯泰回答，我知道他病了，但我想可能不准任何人去看他。明天我就去看他。
>
> 列夫·尼古拉耶维奇，您去看看他吧。他会高兴的。我知道，

他非常喜欢您。

我也喜欢他，但我不懂，他为什么要写剧本。

1897 年 3 月 28 日，托尔斯泰独自去医院看望了契诃夫，这是他们的第三次相会。

契诃夫对托尔斯泰仰慕已久。在他的心目中，19 世纪末俄国文化界要排座次的话，首席是作家托尔斯泰，次席是作曲家柴科夫斯基，第三位是画家列宾。托尔斯泰关注契诃夫则是从 19 世纪 80 年代末开始的。他认为契诃夫是个了不起的短篇小说作家，只是不赞成他写剧本。契诃夫和托尔斯泰的会面，从 90 年代初就开始酝酿，但真正得以实现是在 1895 年 8 月间。

8 月 8 日，契诃夫怀着朝圣的心情来到雅斯纳亚·波良纳的托尔斯泰庄园。托尔斯泰非常亲切地接待了他。托翁首先建议契诃夫跟他一道到水池里去游泳，契诃夫欣然同意。因此，契诃夫与托尔斯泰的最初的谈话是在水池里进行的，这个谈话的特殊环境后来让契诃夫念念不忘。

托尔斯泰一家人都对契诃夫有好感，特别是托翁的长女苏菲亚本来就是契诃夫小说的崇拜者。契诃夫对托尔斯泰的女儿们的印象也极好。两个月后的 10 月 26 日，契诃夫写信给苏沃林回忆拜访托尔斯泰的情景时还特别提到了他的几个女儿：“托尔斯泰的几个女儿非常可爱。她们崇拜自己的父亲，狂热地相信他。而这说明，托尔斯泰真正是个伟大的道德力量，因为，如果他不是真诚的、无可挑剔的，那么首先是他的女儿们会对他持怀疑态度……”

在雅斯纳亚·波良纳的第二天早晨，庄园里出现了一个背着背包的老年盲人，他是来请求施舍的，托尔斯泰和契诃夫对这位不幸的老者都十分同情，托尔斯泰请契诃夫想点什么办法帮助他。契诃夫的哥哥亚历山大其时正在编《盲人》刊物，契诃夫表示可以通过亚历山大的帮助为这个老年盲人找到栖身场所。托尔斯泰很满意契诃夫这种助人为乐的好心肠。

契诃夫回到梅里霍沃之后立即给亚历山大写了封信：

> 我希望你满足我下面的一个请求。两天前的早晨，我正在雅斯纳亚·波良纳，在列夫·托尔斯泰面前出现了一个背着背包的人。他是来请求施舍的。他两眼昏花，视力极差，摸索着走路。已经丧失劳动能力。列夫·托尔斯泰让我呼吁一下：能否把这个流浪人安置到某个盲人收容所去？因为你是盲人事业的专家，因此请你一定给这个流浪人一个指导，告诉他应该向哪儿提出申请，申请书上该有什么内容。

契诃夫在雅斯纳亚·波良纳与托尔斯泰进行了题材广泛的交谈，双方给对方都留下了良好的印象。契诃夫回家之后写信对苏沃林说："印象好极了。我感到轻松自在，就像在家里一样，我和列夫·尼古拉耶维奇的谈话也十分投机。"而托尔斯泰也写信给儿子说起了他对契诃夫的评价："契诃夫到我们家来了，我喜欢他。他很有才华，他大概也有一颗善良的心，但到现在为止他还没有明确的世界观。"托尔斯泰这里所指的"世界观"，可能是指宗教理念。在雅斯纳亚·波良纳旁听过托尔斯泰与契诃夫之间交谈的一位目击者曾有过这样的回忆："与契诃夫交谈之后，列夫·尼古拉耶维奇明白了，契诃夫是站在宗教探索之外的，而根据我们这位伟大的作家（即托尔斯泰）的观点，只有宗教探索方能将人引向内在的彻悟和真正生活的源泉。但契诃夫作为一个艺术家，作为一个具有优美与善良性格的人，强烈地吸引了他。"

契诃夫第二次见到托尔斯泰，是在 1896 年 2 月 14 日。那天傍晚契诃夫与苏沃林一起来到托尔斯泰在莫斯科的住所。契诃夫这次在托尔斯泰身边待了两个小时，期间还有其他的客人来访，使得契诃夫有机会从旁细心观察托尔斯泰的言谈举止、音容笑貌。契诃夫回来之后向人谈起了他对于托尔斯泰的个人魅力的新的发现："这是一个多么有趣的人：如果要试着研究他，可以像落进一口无底的深井似的跌进他的世界……多么强大的精神力量！当你和他谈话，就感到自己完全被他控制住……我没有见到过比他更有魅力、更为和谐的人……这是个近乎完美的人。"

1897 年 3 月 28 日契诃夫在医院病房里与托尔斯泰的会见，是他们的第三次见面。这次见面没有旁观者。从契诃夫 1897 年 4 月 10 日出院之后一个星期写的一封信中，我们得知了他们的谈话内容：

> 我住院期间，列夫·托尔斯泰来看过我，我们有过一次非常有趣的谈话。这次谈话对于我来说特别有趣，因为我听得多说得少。我们谈论了"永生"。他相信康德意义上的永生；他认为，所有的我们（人和动物）都将生存于本源（理性，爱情）中，这种本源的本质和目的对于我们还是一个谜。而在我看来，这个本源或力量好像是一团没有形状的胶体。我的我，即我这个个人，还有我的意识——它们都将用这一团没有形状的胶体融合，这种"永生"我并不需要，我也无法理解它。而列夫·托尔斯泰对我的不理解感到惊讶。

托尔斯泰在契诃夫的病床前对重病在身的契诃夫讲述永生，这可能是为了减轻病人对于死亡的恐惧。但契诃夫其实并不怎么恐惧死亡，他也不相信哲学意义上的永生。契诃夫对生死有个很达观的认识。请看契诃夫的小说《三年》里的两个小说人物对于生死的讨论：

> 两个朋友在一块儿吃饭，饭后拉普节夫躺在沙发上，亚尔采夫坐在旁边，点起一支雪茄，天黑下来。
>
> "我一定是老了，"拉普节夫说。"打我姐姐尼娜死后，我居然常常想到死。"
>
> 他们谈起天来，谈到死亡，谈到灵魂的不朽，谈到死后怎

样升天，飞到火星上去，永远闲散而幸福，尤其是可以用一种新的特别方式思想，跟地球上的思想方式不一样，那真是妙得很。

“谁也不想死，”亚尔采夫轻声说。“没有一种哲学可以使我情愿死掉，我把死亡纯粹看作毁灭。谁都想要活着。”

契诃夫显然是赞同亚尔采夫的这个达观的生死观的。他不相信哲学意义上的、宗教意义上的“永生”。但他对大自然的欣赏与陶醉而生成的自然的乐观主义，也能让他生出托体于自然的人的超越死亡的浪漫主义联想。请听小说《阿莉雅德妮》里小说主人公伊凡·夏莫兴讲的故事：

我的故事的地点是在莫斯科北部的一个地区。那儿的风景，我得告诉您，美极了，我们的房子坐落在一条湍急的小溪的高岸上，昼夜流水潺潺，一片响声；您闭上眼想想看：一个挺大的老花园，整齐的花圃，蜂房，草园，下面是一条河，两岸栽着枝条茂密的杨柳……哪怕到我给钉在棺材里的时候，我相信我也会仍旧梦想那些个清晨，您知道，那些个太阳耀眼的清晨，要不然就梦想美妙的春天的薄暮，夜莺和秧鸡在花园里和花园外面打鸣儿……

对于契诃夫来说，与其说是人的“永生”，毋宁说是人类的永恒，这种永恒的方式就如契诃夫在《牵小狗的女人》(1898)里所叙述的那样：

透过晨雾可以隐隐约约地看到雅尔塔，白云一动不动地停留在山顶上。树上的叶子纹丝不动，知了在鸣叫，从下方传来大海单调低沉的喧哗，象征着安谧，象征着那正在等候我们的长眠。当初，在雅尔塔和奥列安达都不存在的时候，海水就在下方这么喧哗了，如今也还在喧哗，将来我们去世后它仍在如此冷漠喧哗。这种永恒性中，这种对我们每个人的生与死所持

> 的绝对冷漠的态度中，正包藏着一种保证：我们会永恒超度的保证，大地上的生命会不断运行不断完善的保证。

契诃夫相信“大地上的生命会不断运行”，但不愿被“人的永生”的幻想所欺骗。契诃夫在病床前与托尔斯泰就“永生”展开的争论，实际上还是显示了契诃夫的唯物主义的意识与托尔斯泰的宗教意识的一次碰撞。

除了“永生”外，托尔斯泰和契诃夫还在病室里讨论了另一个话题——艺术。从契诃夫 1897 年 4 月 17 日写给俄国作家艾特尔（1855—1908）的信中，我们可以知道这个讨论的大致走向：

> 托尔斯泰正在写一本关于艺术的书。他到医院来看过我，他说他把自己的小说《复活》放下了，因为不喜欢它。他现在只写关于艺术的书，为此他读了 60 本书。他的想法并不新鲜，许多世纪以来所有聪明的老人都以不同方式重复过这类想法。老人们总是倾向于看到世界的末日，并且说，道德坠落到了极低点，艺术变得渺小了，退化了，人也变得虚弱了，等等，等等。列夫·托尔斯泰想在自己的书中让人相信，艺术现在已经进入了它的最后阶段，进入了一条死胡同，没有出路。

契诃夫显然不会完全赞同托尔斯泰的这些观点。在如何对待比如像象征主义这样的现代文学艺术流派的问题上，契诃夫持较为宽容的态度，他对象征主义的代表人物、比利时剧作家梅特林克（1862—1949）有相当好的评价。就像对待“永生”的问题一样，契诃夫在“艺术”问题上也没有和托尔斯泰保持观点上的一致。我们可以想象在 1897 年 3 月 28 日的病房里的这次会见中，契诃夫与托尔斯泰有过友好的争论，但这并不妨碍他们彼此尊重，并把友谊一直保持下去。契诃夫还一再在信里对他的朋友说：“我很爱托尔斯泰。”

1897 年那场大病之后，医生告诉契诃夫应该到南方或国外去养病。莫斯科的冬天已经不适于他的病体。1898 年的冬季，契诃夫就是在南方雅尔塔度过的，并在那里写完了小说《宝贝儿》，而《宝贝儿》也正是托尔斯泰最喜欢的一篇小说。

托尔斯泰是 1899 年 1 月 14 日读到这篇小说的，读过之后他就作出了这样的评价："这简直是颗珍珠。女人的爱的本质表现得如此细腻！语言真好！无论是陀思妥耶夫斯基，还是屠格涅夫，还是冈察洛夫，还是我都写不出来。"在那段时间里，只要托尔斯泰心情好，就把《宝贝儿》拿出来读给家人或客人听。1899 年 1 月 15 日托尔斯泰夫人的日记里写着："列夫·尼古拉耶维奇再一次向大家朗读《宝贝儿》，大家听得都笑了。"

1905 年，托尔斯泰把《宝贝儿》编进《每日读物》，并为它写了《跋》，指明了《宝贝儿》在他心目中的价值："一个女人一定要怎样才会使自己幸福，而且使得命中注定为她所爱的人幸福呢？'宝贝儿'恰好成为那类女人的永久的典型。"

1899 年 1 月 27 日，契诃夫给一位友人写信说："不久前我写了篇幽默小说，近日有人告诉我，列夫·托尔斯泰常常朗读这篇小说，读得非常好。"

契诃夫指的就是《宝贝儿》。托尔斯泰特别喜欢这篇小说，曾多次当着家人和客人朗读《宝贝儿》，引得听众笑个不停。

《宝贝儿》是够逗乐的。小说女主人公奥莲卡的性格就让人觉得好笑。"她老得爱一个人，不这样就不行。"由此她获得了"宝贝儿"的称呼。小说的语言也幽默。如写到丈夫出差之后奥莲卡的失眠："这时候她就把自己比作母鸡，公鸡不在窠里，母鸡也总是通宵睡不着。"

"宝贝儿"真是嫁鸡随鸡的女人。她一嫁给剧场经理库金，便认定"世界上顶美妙、顶要紧的就是戏院。"做剧场经理的丈夫死后，"宝贝儿"

改嫁木材商人，从此她“觉得生活中顶重要顶重大的东西就是木材”。木材商人死后，她与一个兽医成了相好，于是就认为“对家畜的健康应该跟对人类的健康一样关心才对”。

不料，兽医有一天也远走高飞了。“宝贝儿”身边再没有可以寄托爱心的男人了，祸不单行的是，随着为她所爱的一个个男人的消失，“她什么见解都没有了”。

幸好几年之后，兽医的儿子来到了奥莲卡的身边。她便把全部爱倾注到了这个头戴大制帽的中学生身上：

> 每逢傍晚，他在饭厅里坐下，温习功课，她就带着温情和怜悯瞧着他……
>
> “四面被水围着的一部分陆地称为岛。”他念道。
>
> “四面被水围着的一部分陆地……”她学着说，在多年的沉默和思想空虚以后，这还是她第一回很有信心地说出她的意见。

真是妙笔！嘲讽与抒情，可笑与可爱竟能如此水乳交融于一处。

上引的一个小说片断，也是小说最打动托尔斯泰的地方。托尔斯泰在为《宝贝儿》写的《跋》中把这个与中学生相依为命的女人称为“以无限的爱去爱未来的人”。

1901 年秋天，托尔斯泰与契诃夫在克里米亚一个旅游胜地会面时，滔滔不绝地赞美“宝贝儿”的爱是如何的圣洁，把契诃夫弄得好尴尬。据会见时在座的高尔基后来追忆：“托尔斯泰说得很激动，泪花在眼眶里闪动。而契诃夫这天正好发烧，脸颊上泛着潮红，他低头坐着，认真地擦拭着夹鼻眼镜。良久的沉默之后，叹了口气，不好意思地轻声说道：那里有印错的字……”

已故拉克申院士（1933—1993）在《托尔斯泰和契诃夫》一书中，

对高尔基回忆的这个情景有个解释：这是契诃夫向“权威的读者（即托尔斯泰）表示沉默的异议”。

当初契诃夫听说托尔斯泰喜欢《宝贝儿》，心里当然是美滋滋的。及至当面听到托尔斯泰对于《宝贝儿》的赞美，心里肯定不是滋味。因为他从中体察到了他们之间的分歧。

契诃夫与托尔斯泰的分歧是在对于妇女问题的不同看法上。托尔斯泰认为女人的头等大事是“爱”，“爱情总是神圣的”。“她（‘宝贝儿’）能为她心爱的人献出自己整个身心”，所以“宝贝儿”的爱是“圣洁的”。

而契诃夫认为女人应该有自己独立的人格，不能当男人的附庸。因此“宝贝儿”的爱即使无私，也不足为训。“宝贝儿”的爱尽管不无可爱之处，但也委实可笑与可怜。

在契诃夫第一次到雅尔塔度假的日子里，还发生了一件值得特别提一下的大事——1899 年 3 月 19 日契诃夫在雅尔塔第一次与高尔基会面，这样，在托尔斯泰之外，高尔基也成了他又一个特别喜欢的俄国作家。1899 年 3 月 23 日，契诃夫从雅尔塔给阿维洛娃写信说：

> 我了解托尔斯泰，大概可以说对他很了解，我理解他的眉毛的每一个抖动，我爱他。
>
> 高尔基在雅尔塔。外表上他是个流浪汉，但内心里他是个典雅的人，这令我高兴。

春天一到，契诃夫迫不及待地返回莫斯科。他是 1899 年 4 月 12 日回莫斯科的，托尔斯泰得知这一消息，于 4 月 22 日晚上像个不速之客般来到契诃夫在莫斯科的住处。其时正有几位演员在场，演员们总想把话题引到戏剧上去，托尔斯泰只好匆匆告辞。契诃夫不无遗憾地写信给一个朋友说：“列夫·托尔斯泰到我这里来了，但没有和他谈上话，因为当时我家里有不少闲人，其中包括两位演员，他们认为世上再没有比戏剧更重要的事情。”

在托尔斯泰扫兴而去的第二天，契诃夫不失时机地亲自拜访托尔斯泰，还在他家里吃了午饭。这一回他们谈得很尽兴。契诃夫还特地向托尔斯泰推荐了他刚刚认得的高尔基，殊不知托尔斯泰本人也在关注这个自学成才的青年作家。契诃夫很快写信向高尔基报告了他与托尔斯泰的谈话情况：

> 前天我到列夫·托尔斯泰家去了一趟。他对您大加夸奖，说您是个“出色的作家”。他喜欢您的《市集》和《在草原上》，但不喜欢《玛尔娃》。他说：“什么都可以杜撰，唯独心理不能杜撰，而高尔基常常作心理的杜撰，他描写一些自己并没有感觉到的东西。”这就是他说的。我对他说，如果您到了莫斯科，我们就一同去看望列夫·尼古拉耶维奇。……托尔斯泰问了好多关于您的情况。您引发了他的好奇心。看来，他是感动了。

从这封信里可以看出，契诃夫和托尔斯泰在对待高尔基的文学才华上有相同的看法，包括对于他的文学创作上的不足的看法。因为契诃夫和托尔斯泰一样，都是个心理现实主义者，都不喜欢在心理描写上出现虚假。

1900 年整整一年，契诃夫没有和托尔斯泰见过面。但这一年托尔斯泰读到了契诃夫的新作《在峡谷里》，而且表示了激赏，而《在峡谷里》恰恰也是一篇得到高尔基高度评价的小说。

契诃夫与托尔斯泰的再次会面是在克里米亚。1901 年秋天，托尔斯泰到克里米亚来养病，住在卡斯普里的一处庄园，离契诃夫居住的雅尔塔只有十俄里的路程。1901 年 9 月 12 日，契诃夫怀着十分激动的心情去卡斯普里看望已经一年多没有见面的托尔斯泰。契诃夫关心着托尔斯泰的健康，他像医生一样地给托尔斯泰号脉，发现老人心率不齐，契诃夫也像医生一样地劝慰托尔斯泰在克里米亚好好养病，肯定会恢复健康的，但托尔斯泰说："不，不！我现在完全在走下坡路了。去年我还觉得比您年轻，是的，是的，比您年轻，但现在我可以当您的爷爷了。"

9月24日，契诃夫从莫斯科给高尔基写信说到了托尔斯泰的令人担忧的身体状况："我见到了托尔斯泰，他非常喜欢克里米亚，在他身上又焕发了青春活力，但他的身体令我担忧。他衰老了，他的主要病症是衰老，衰老已经完全控制住了他。"在莫斯科逗留期间，契诃夫还向别的医生咨询为托尔斯泰治病的方案。

从莫斯科回到雅尔塔后，契诃夫立即去卡斯普里探望托尔斯泰，1901年11月5日，契诃夫给妻子克尼碧尔写信说："昨天我去看望托尔斯泰了。他躺在床上。有点外伤，正卧床。他的身体有好转，但那不过是十月末的几个好天。但寒冬已经临近！我的到来看来令他很高兴。而我也不知道为什么这一次见到他特别感到高兴。他的表情开朗而慈祥，但毕竟已经是老态龙钟……"

契诃夫（左）去卡斯普里探望病中的托尔斯泰。

契诃夫的预感是有道理的。1901年冬天，托尔斯泰病倒了好几次，特别是1902年1月的肺炎，差一点夺去了托尔斯泰的生命。那一段时间，契诃夫与给托尔斯泰治病的医生保持着最密切的联系，时时探听托尔斯泰的病情，时时为托尔斯泰的健康担忧。

契诃夫为托尔斯泰的健康担忧，是早在1900年托尔斯泰头一次发病的时候。1900年1月28日，契诃夫在给友人的一封信中写道：

> 我怕托尔斯泰死去。如果他死了，我的生活中就会出现一个大空洞。第一，我没有像爱他那样爱过另外一个人；我不是教徒，但在一切信仰中，他的信仰最得我心。第二，如果文坛有托尔斯泰在，当个作家就轻松愉快；因为即使你什么也没有做成，那也不怕恐惧，因为托尔斯泰替大家做了。他的创作活动是对于文学的全部期望的保证。第三，只要托尔斯泰坚定地站在那儿，他的威望便十分巨大，只要他还活着，文学中的一切恶俗趣味、庸俗作风、形形色色的充满怨恨的自尊心都会隐而不显。单靠他的人格威望，就会使所谓的文学趣味和流派维持在一个较高的水准上。如果没有了他，文坛就会变成一群没有牧羊人的羊群或是一锅乱糟糟的稀粥。

契诃夫与托尔斯泰的最后一次会面是在 1902 年 3 月 31 日，地点还是在卡斯普里，参加这次会见的还有高尔基。高尔基在回忆录里记录了这样一个场景——托尔斯泰对高尔基说："我已经是个老头子，也许已经无法理解今天的文学，但我以为它不是俄罗斯的。"然后托尔斯泰把面孔转向契诃夫，说："而您，是俄罗斯的，完全是俄罗斯的。"托尔斯泰微笑着，拥抱了一下契诃夫的肩膀，弄得契诃夫很不好意思。

契诃夫（左）与托尔斯泰（右）、高尔基在克里米亚的疗养院。

1902 年春天气转暖之后，契诃

夫从雅尔塔回到莫斯科。不久，托尔斯泰也从克里米亚回到了故乡。从此他们再也没有见面，但他们还常常地想念着对方。1903 年 9 月间，托尔斯泰在雅斯纳亚·波良纳接待了一位青年作家，托尔斯泰和他谈起了契诃夫，就是在这个谈话里，托尔斯泰把契诃夫与普希金相提并论，说“契诃夫像普希金一样，把形式推向了前进，这是一个了不起的贡献”，还说，“契诃夫，这是散文中的普希金。”

在 1901 年冬天，契诃夫曾经为托尔斯泰的健康担忧，以为衰老与疾病随时可能夺去这位文学泰斗的生命，然而命运的安排却让契诃夫死在了托尔斯泰的前边。契诃夫去世的噩耗传来，托尔斯泰陷入了痛苦之中。在痛悼契诃夫的日子里，1904 年 7 月 15 日《俄罗斯报》刊登了托尔斯泰向该报记者发表的关于契诃夫的一篇谈话：

> 契诃夫是一位无可比拟的艺术家……对，对！就是无可比拟的……是位生活的艺术家……他的作品的优长是，它不仅能让每个俄罗斯人感到亲切，而且也能使任何一个人感到亲切……他是一个真诚的人，而这是个了不起的优点……借助这个真诚，他创造了新的，在我看来是对全世界都是全新的文学形式……我重复一遍，契诃夫创造了新的形式，丢掉一切虚假的谦虚，我要说，就技术而言，他契诃夫高于我。我还想对您说契诃夫的又一个特点：像狄更斯、普希金等少数作家一样，他的作品可以反复重读——我从自己的阅读经验了解到这一点的……契诃夫的逝世是我们的一个重大损失，我们不仅失去了一个无与伦比的艺术家，我们还失去了一个杰出的、真诚的、正直的人……这是一个极有魅力的人，谦虚的人，可爱的人……

结 婚 前 后

听从医生的建议，契诃夫于 1897 年秋天出国养病，先在意大利的尼斯休假，1898 年 4 月取道巴黎回国。

契诃夫在欧洲旅行期间，法国发生的“德雷福斯案件”正轰动欧洲。犹太血统的德雷福斯上尉被指控替德国从事间谍活动，被军事法庭判处终身监禁。法国进步知识界认定这是一场冤案，作家左拉于 1898 年 1 月 13 日发表题为《我控诉》的公开信为德雷福斯辩护，使契诃夫大为感动，他仔细研究了有关这一案件的背景材料之后，完全站到了左拉的一边。1898 年 1 月 23 日的一封信中，契诃夫这样写道：

> 左拉和德雷福斯，是我们这里的热门话题。大多数知识分子都站在左拉一边，相信德雷福斯是无辜的。左拉在我们的眼中长高了一大截，他的抗议信像一阵清风朝我们吹来，使每个法国人都感觉到，感谢上帝，在这个世界上毕竟还有真理存在，如果有人受了冤屈，总会有人出来为他伸张正义。法国的报纸很有看头，而俄国报纸很糟，《新时代》简直令人厌恶。

《新时代》是俄国的一家杂志。它的发行人正是契诃夫的老朋友苏沃林。这家杂志采取的为法国行政当局张目、污蔑攻击左拉的立场，激怒了契诃夫。契诃夫与苏沃林的关系从此开始冷淡。

1898 年的“德雷福斯案件”，以及 1900 年契诃夫因高尔基的名誉院士被无理撤销而请辞科学院名誉院士的“科学院事件”，是契诃夫的民主精神的两次耀眼的闪现。

也许是为了结束与苏沃林的长达 13 年的事务纠葛，当然，也是为了筹集在雅尔塔建造住宅的资金，契诃夫于 1899 年 1 月与书商马尔克斯签约，以 7 万 5 千卢布的代价把全部著作版权卖掉。但在谈判过程中，契诃夫经过艰苦的努力赢得了一项权利：他的剧本演出的版税属他本人拥有，在他死后则由他家属拥有。这是契诃夫的戏剧情结，或者说是莫斯科艺术剧院情结，我们甚至可以说，契诃夫在艰苦地争取到这一项权益时,他心中想到了他心爱的莫斯科艺术剧院的女演员克尼碧尔（1868—1959）。

契诃夫与克尼碧尔的头一次会面，是在 1898 年 9 月 9 日的莫斯科艺术剧院排演厅里，契诃夫去看《海鸥》的排演。克尼碧尔在这个戏里主演阿尔卡季娜。过几天，契诃夫又看了由克尼碧尔参与演出的《沙皇费多尔》的排演。契诃夫与克尼碧尔真可以说是一见钟情。克尼碧尔后来在她写的《回忆录》里专门说到了她头一次见到契诃夫时的激动以及这次见面对于她一生的意义：

> 永远不会忘记当我头一次站在契诃夫面前那一刹那的激动心情。我们都深深感觉到他的人性的魅力，他的纯朴、他的不善于“教诲”和“指导”……从这一次见面开始，我的生命的纤细而繁复的绳结开始慢慢地拉紧了。

契诃夫在这次会面之后不久写给米齐诺娃的信中，也流露了对克尼碧尔等女演员的爱慕之情：“聂米洛维奇和斯坦尼斯拉夫斯基的这家剧院很吸引人。几位女演员可爱得很。如果我在这里再多待点儿时间，怕是要丧失理智了。我年岁越大，生命的脉搏在我身上跳动得更加有力。”而 1898 年 10 月 8 日他从雅尔塔发出的另一封信里，话就说得更是不加掩饰了：“如果我在莫斯科留下不走，就要向这个伊丽娜求爱了。”伊丽娜是莫斯科艺术剧院开幕剧目《沙皇费多尔》里的女主角，由克尼碧尔扮演。契诃夫与克尼碧尔的爱情的种子就在 1898 年 9 月 9 日这一天埋下了。

契诃夫没有能在莫斯科久留，他于 1898 年 9 月 15 日返回了雅尔塔，也把对克尼碧尔的情感留在了心里。他要在南国躲过冬天，但心里时刻向往着北国的莫斯科。1899 年 2 月初，契诃夫的妹妹玛丽亚也许已经感觉到了他哥哥和克尼碧尔之间可能存在的暗中恋情，居然写信给契诃夫说：“我建议你向克尼碧尔求爱。”契诃夫于 2 月 9 日回信给妹妹说：“克尼碧尔当然很可爱，我不住在莫斯科真是做了件傻事。”

1899 年的春天终于来了。契诃夫于 1899 年 4 月 12 日到莫斯科。契诃夫与克尼碧尔的恋爱生活真正开始。1899 年 4 月 18 日，契诃夫头一次单独拜访克尼碧尔，并和她一起去参观了列维坦的画展。5 月初，契诃夫回到梅里霍沃庄园，克尼碧尔也陪同前往，并在那里住了三天。7 月 18 日契诃夫和克尼碧尔一同作水上航行，7 月 20 日他们一起到了雅尔塔，8 月 2 日两人又一起返回莫斯科。8 月 27 日一对情人不得不分手，契诃夫独自前往雅尔塔，当他刚刚住进尚未完全竣工的白色别墅，就接到了克尼碧尔寄来的情意绵绵的信：“当您离去的时候，我是多么的痛苦，如果不是维什涅夫斯基（莫斯科艺术剧院的演员）陪着我，我会大哭一路了。暂时还没有入睡，我思想上与您一路同行。”1899 年 9 月 3 日，契诃夫从雅尔塔给克尼碧尔发出了头一封信：

可爱的女演员，我回答您的所有问题。我平安到达。我的旅伴把下铺让给了我，后来车厢就剩了两个人：我和一个亚美尼亚人。在车上我一天喝好几次茶，每次喝三杯，放柠檬，喝得不慌不忙，有滋有味。筐里放的食品我在车上全吃光了……在雅尔塔住进了自己的房子……还要说点什么？我几乎不到花园里去，经常坐在房里想您。而当我在车上经过巴赫契萨拉伊，我就想起了您，想起我们是如何一起旅行的。可爱的、非凡的女演员，美丽的女人，如果您知道您的来信给我带来了多少欢乐。我低低地向您鞠躬，低低地、低得额头要碰到我们家那口已经挖到八丈深的井底。我已经习惯和您在一起，现在我很苦闷，而且无论如何不能容忍这样一个想法：在春天之前我见不到您……

好了，我紧握和热吻您的手。祝您健康，快乐，幸福！工作吧，跳跃吧，迷恋吧，歌唱吧，如果可能的话，别忘了我这个编制外的作家，您的忠实的崇拜者。

安东·契诃夫

这是一封典型的契诃夫式的情书，除了真挚的热情之外，必定伴有乐天的幽默。像“我低低地向您鞠躬，低低地、低得额头要碰到我们家那口已经挖到八丈深的井底”这样的情语，也只有想象力丰富的契诃夫说得出来。六天之后，契诃夫给克尼碧尔发出了第二封情书：

便条、香水和奶糖都收到了。您好，可爱的、珍贵的、非凡的女演员！您好，我的在巴赫契萨拉伊的忠实的旅伴！您好，我的快乐！

玛丽亚说您还没有收到我的信。这是怎么回事？为什么？信我早已寄出，是读过您的来信立即写了寄出的……视您健康，幸福，快乐！不要忘记作家，不要忘记，否则我会在这里淹死或是与蜈蚣结婚。

热烈地吻您的手，热烈地，热烈地！！

完全属于您的安东·契诃夫

契诃夫在写给克尼碧尔的最初的情书中，都是开首称呼她为“可爱的、非凡的女演员”。契诃夫爱女演员克尼碧尔，也爱克尼碧尔服务的莫斯科艺术剧院。契诃夫把这两种爱常常交织到了一起，他们在通信中也不时地说到剧院里发生的事。1899 年 10 月 30 日契诃夫从雅尔塔写给克尼碧尔的信里，除了说到《万尼亚舅舅》在莫斯科艺术剧院的首演之外，还就演员应该如何对待成功发表了看法：

可爱的女演员，我的好人儿。您问我会不会激动。但关于《万尼亚舅舅》26 日上演的消息，我到 27 日收到您的信时才知道。各种祝贺的电报是 27 日晚上打来的，那时我已上床。他们用电话向我转述了电报的内容。我时常被电话铃声叫醒，然后光着脚跑去接电话，冻得我发抖，然后刚要入睡，电话铃声又起。这是我头一次因为自己的荣誉而睡不好觉。第二天，我躺在床上，把睡衣和拖鞋放在床边，但电报却不来了。发过来的这些电报中，尽是说的不断谢幕和巨大成功，但从中我体验到了某种细微的、不可捉摸的东西，而且由此我断定你们的情绪有点不太对头。今天送来的报纸也印证了我的猜疑。是的，一般的、中等程度的成功已经不能满足你们这些艺术剧院的演员了。你们需要的是轰动和爆炸。你们已经被关于成功的无休止的谈论娇惯坏了，你们已经被这种醉心花麻醉了，再过两三年你们就不可救药了！这就是我要对您说的！

您生活如何，感觉如何？我还是老样子：写写小说，种种树。

客人来了，不再写。客人已经坐了一个多小时，要茶喝，去烧茶炉。喔，多么烦闷！

别忘了我，别熄灭了您的情谊，好让我们到了夏天再结伴旅游。再见！我们四月之前见不了面。如果你们春天都到雅尔塔来，在这儿演戏，在这儿休息，这将是非常有艺术情趣的事。

客人将把这封信拿走投到信箱里去。

紧紧握手。代向安娜·伊凡诺芙娜（即克尼碧尔的母亲）和您的穿军装的叔叔致敬。

您的安东·契诃夫

女演员，给我写信吧，否则我很寂寞。我像是坐在监牢里，我好生气，好生气。

把契诃夫 1899 年 10 月 30 日写的信全文披露，也是为了想展示一下契诃夫的书信风格。契诃夫的书信是契诃夫的文学遗产的一个重要组成部分。而契诃夫给克尼碧尔的情书，特别能反映契诃夫的丰富人性的一面，以及他的无往而不可爱的幽默感。信中提到的 1900 年春天莫斯科艺术剧院到雅尔塔巡回演出的事，一半也是因为这将是契诃夫重逢克尼碧尔的良机，但也是因为他太看重莫斯科艺术剧院了。就在 1899 年 11 月 24 日，契诃夫给莫斯科艺术剧院的经理聂米洛维奇–丹钦科写了一封著名的书信，之所以“著名”，是因为契诃夫在信中写了一段对于这家剧院的著名评语：“莫斯科艺术剧院——这是未来的一部俄国现代戏剧史上的辉煌篇章。这个剧院是您的骄傲，也是我唯一喜欢的剧院，尽管我还一次也没有见过它。”

契诃夫的这封信肯定感动了聂米洛维奇。契诃夫对莫斯科艺术剧院如此厚爱，但他竟然还一次都没有看到这家剧院的戏。剧院方面也觉得应该把戏送到雅尔塔去了。契诃夫在给克尼碧尔的信里不断追问剧院来雅尔塔的具体日期。直到 1900 年 3 月，莫斯科艺术剧院来雅尔塔的日期才最终敲定在 4 月上旬。克尼碧尔还决定自己提前到雅尔塔与契诃夫相会。契诃夫得知这一消息，兴奋地于 1900 年 3 月 26 日给克尼碧尔写信道："这很好，您和玛丽亚将先期到达，我们将有时间一起聊天、散步、游玩、喝酒和吃饭。"

克尼碧尔于 1900 年 4 月初到雅尔塔，住进契诃夫的已经落成的白色别墅，一对情人有了将近一个星期的时间"一起聊天、散步、游玩、喝酒和吃饭"。4 月 8 日，克尼碧尔到塞瓦斯托波尔，那里是莫斯科艺术剧院巡回演出的第一站。4 月 10 日，契诃夫到塞瓦斯托波尔去看了《万尼亚舅舅》，这是契诃夫头一次看莫斯科艺术剧院演出自己的戏。4 月 14 日，莫斯科艺术剧院巡回演出团到达雅尔塔，一时间，契诃夫的白色别墅成了高朋满座的聚会场所，而克尼碧尔像"未来的主妇"那样帮助契诃夫招呼像高尔基这样的贵客。莫斯科艺术剧院在雅尔塔的演出大获成功。最后一场演出的剧目是《海鸥》。因为有剧作者契诃夫在剧场，演出的场面更加激动人心。演出结束之后，观众的狂热的欢呼声几次把契诃夫请上舞台，观众向契诃夫赠送了一个花环，缎带上写着："献给俄国现实的深刻阐释者"。

1902 年，契诃夫与克尼碧尔合影。

世上没有不散的宴席。1900 年 4 月 24 日举行告别酒会。克尼碧尔

他们一走，白色别墅又恢复了往日的宁静。但契诃夫已经耐不住寂寞，他于5月8日赶到莫斯科。在莫斯科身体又感到不适，便于5月17日重返雅尔塔。在莫斯科的短短一个星期里，契诃夫有机会与病中的画家列维坦诀别，也有机会与克尼碧尔相约7月份在雅尔塔一起度假。

克尼碧尔在雅尔塔度过了整个7月份，白色别墅的花园成了她和契诃夫私订终身的地方。1900年7月的雅尔塔相会之后，契诃夫与克尼碧尔在通信中彼此的称呼发生了微妙变化。克尼碧尔8月初在去莫斯科的途中给契诃夫写信，直接称“我亲爱的”，而契诃夫于8月9日给克尼碧尔的回信是这样写的：

> 我亲爱的奥丽娅，我的快乐，你好！今天收到了你离开之后的头一封信，读了一遍，然后再读一遍，现在给你写信，我的女演员……我一直觉得，如果我把门打开，你就会进来。但你没有进来，你现在在排戏，或者是在梅尔兹良科夫斯基胡同，离雅尔塔很远，离我很远。再见，但愿天使守护着你。再见，好姑娘。
>
> 你的安东尼奥

别离，那怕是短暂别离，对于契诃夫和克尼碧尔都是一种痛苦了。但他们俩人也清醒地意识到，莫斯科的天气已经不利于契诃夫的健康，而演员的职业也不允许克尼碧尔在雅尔塔久留。这种矛盾心理也反映到了他们的书信里。克尼碧尔1900年9月20日给契诃夫写信说：“我非常想见到你，但你怎么能到这里来挨冻？这让我非常不安，好好想想，我亲爱的。”契诃夫于9月27日给克尼碧尔回信说：“我不知道该对你说些什么，除了向你说一句我已经向你说了一万次以后看来还要不断地说的话，那就是：我爱你。如果我们不能在一起，那么有过错的不是我和你，而是那个魔鬼，它在我身上注入了病菌，在你身上注入了对于艺术的爱。”契诃夫一语道破了他们的尴尬处境，说明了命运对于他们的捉弄。

终于有一天，契诃夫和克尼碧尔两人谈到了结婚的话题。契诃夫希望秘密结婚，他在信中陈述了这样做的理由：“如果你允许：莫斯科没有一个人会在我们结婚之前知道我们要结婚，那么我甚至答应在我到达莫斯科的当天就和你完婚。不知怎么的，我非常害怕婚礼，害怕人家来道喜，害怕那个斟满香槟的酒杯，因为那时我非得把它拿在手里，同时还非得在脸上露出微笑。”

1901 年 5 月初，契诃夫到莫斯科，说是去看病，实际上是准备与克尼碧尔结婚。因为在行前契诃夫给克尼碧尔写了一封信，说，“五月初我来莫斯科，如果可能，我们先结婚然后去伏尔加河旅行，或是先去伏尔加河旅行然后结婚，看你如何方便。”5 月 20 日，契诃夫给妹妹写信，暗示他可能要结婚。妹妹赶紧复信，力劝契诃夫不要结婚：“请允许我就你的婚姻说说自己的看法。对于我来说，结婚是可怕的！对于你来说，这多余的紧张没有好处。如果人家爱你，那么就不会把你抛掉……首先要考虑的是你的健康。”

但契诃夫这次没有听从妹妹的劝告。1901 年 5 月 25 日契诃夫与克尼碧尔在莫斯科的一家教堂里举行婚礼。在场的只有作为马车夫出现的新娘的兄弟和叔叔。就在婚礼当天，契诃夫给远在雅尔塔的母亲发了电报：“亲爱的妈妈，祝福我吧，我结婚了。一切照旧。”婚礼完毕，两位新人到岳母家小坐一会儿，便立即离开莫斯科。他们沿着伏尔加河到乌发省的一个疗养地度蜜月，途中顺访了住在伏尔加河畔一个小城里的高尔基。

到乌发省度假，也是医生的吩咐。契诃夫在举行婚礼前曾在莫斯科一位名医那儿看过病。医生说他肺病比过去严重了，建议病人到乌发省的一个疗养院接受酸马奶治疗。在乌发的那所疗养院里，契诃夫一边和新婚的妻子过着幸福的蜜月生活，一边认真地接受酸马奶的治疗。他一天要喝四瓶酸马奶，身体状况自觉有所改善，情绪也很好，这可以从他在疗养院发出的一封信中看出：“在莫斯科时，舒罗夫斯基医生（他是名医）说我的病情恶化了……这有点使我丧气，我结婚后立即就到这里来接受酸马奶治疗。现在我的情况良好，体重长了八磅，只是不知道，这是喝酸马奶的缘故，还是得归功于结婚。”

在疗养院接受酸马奶治疗和过蜜月的时候，契诃夫也想着要和妹妹在他的婚姻问题上作番沟通，他于 6 月 2 日给妹妹玛丽亚写了封信，再次说明他决不会因为结了婚而疏远了妹妹：

> 亲爱的玛丽亚，你好！一直想给你写信，但总是拿不了笔，有好多事情缠着我，当然都是些小事。我结婚的消息你想必已经知道。我想，我的这个举动绝对不会丝毫改变我的生活和我在这之前所处的环境。母亲可能已经说过一些只有上帝知道的话，但请你告诉她，什么改变也不可能发生，一切照旧。我将像以前一样的生活，母亲也是这样，而对于你，我依然怀抱着不变的亲切态度，像过去一样。

但蜜月过完于 1901 年 7 月 1 日回到雅尔塔后，契诃夫痛苦地发现，母亲和妹妹仍然对他们的婚事颇有看法。玛丽亚早就认识克尼碧尔，后来也与克尼碧尔保持着长久的友谊，但在当时是不赞成这桩婚事的。妹妹太爱自己的哥哥了，她太为哥哥的健康着想了。而这样的一时间不能和谐起来的姑嫂关系也颇让契诃夫伤心，与此同时，契诃夫的身体情况也有新的恶化的苗头。7 月 24 日他悲观地写信告诉高尔基说：“现在又咳嗽起来了，人也消瘦了，看来，好不了啦。”

就是怀着这样的难言之隐，契诃夫于1901年8月3日立了一份写给妹妹但暂由妻子保存的遗嘱：

> 亲爱的玛莎，我现在立下遗嘱：我死后雅尔塔的别墅以及全部戏剧版税由你支配，古尔卓甫的别墅外加五千卢布则由我的妻子奥列迦·列奥纳尔道芙娜享有……在母亲和你去世之后，全部财产捐赠塔甘罗格市政府用作家乡教育基金……帮助穷人，爱护母亲，全家和睦。

克尼碧尔1901年8月20日从雅尔塔启程回莫斯科，契诃夫把妻子送到塞瓦斯托波尔，并在8月21日从塞瓦斯托波尔给克尼碧尔发出他们新婚别离之后的头一封信："我非常爱你，一直要爱你。代我向所有的朋友问好。紧紧地拥抱你一百次，紧紧地拥抱你，并在想象中描绘出种种只有我们俩人在一起时的场景。"

契诃夫与克尼碧尔相识五年，夫妻三年，在这五年中契诃夫给克尼碧尔写了433封信（包括电报），克尼碧尔也给契诃夫写了400封信。而婚后的两地书信是最为频繁的。举个例子说，从1901年8月21日别离到9月17日在莫斯科重逢的不到一个月的时间里，契诃夫一共写了17封信，发了2份电报。但倒霉的是，契诃夫一到莫斯科住下，身体又总会不适，原本他准备住到12月份的，但他不得不在10月底就离开妻子回到南国去。于是又是一次痛苦的别离，又有几个月的书信往来，但飞鸿既是传达着他们的爱情，也传达着他们心中的苦痛。特别是当契诃夫感到妻子的来信已经不是那么甜蜜的时候。

契诃夫在1902年1月23日给克尼碧尔的信里，头一次让我们感觉到他的不安："我的小狗，为什么你这样缺乏热情，为什么你的信写得这样生硬？"两个月之后，契诃夫又半开玩笑地写信对妻子说："这么说，你很快要成为鼎鼎有名的女演员了？这么说，你将要把我赶走，或是把我招来当售票员？我亲爱的，再没有比坐在绿色的岸边钓鱼或在田野里散步更美好的了。”

夫妻分居，天各一方，时间一长，免不了会生出误会来的。特别是在克尼碧尔一方更有一种难言的苦恼。她知道契诃夫重病在身，作为妻子她理当守护在他身边，但她对戏剧的爱使她不能久离莫斯科。正是怀着这一种负疚的心情，克尼碧尔在 1903 年 3 月 13 日给契诃夫的信中写下了这样一段话：“我算是你的什么妻子？……既然我嫁给了你，就应该忘记自己个人的生活……我对你，对像你这样一个人太不负责任了。既然我在舞台上当演员，我就应该过独身生活而不去折磨任何人。”

克尼碧尔在这里说的还是契诃夫早就说过的那种命运的捉弄：“如果我们不能在一起，那么，有过错的不是我和你，而是那个魔鬼，它在我身上注入了病菌，在你身上注入了对于艺术的爱。”

晚 期 创 作

契诃夫的晚年，正值 19 世纪与 20 世纪的世纪之交。这位俄国作家的肺结核病严重了，他不得不常常在黑海边的雅尔塔住着。契诃夫的发表于 1899 年 1 月的小说《新别墅》，便是他 1898 年 12 月在雅尔塔养病期间写成的。

《新别墅》再一次提出了人与人之间不能沟通的“隔膜”问题。不过这一回的“隔膜”是在不同的社会阶层之间发生的，因而常常诱使评论者作更多的社会学的思考。

离奥勃鲁卡诺佛村六里路远的地方，正在建造一座大桥。有一回工程师库切罗夫的太太叶丽娜・伊凡诺芙娜来看望丈夫。她很喜欢这里美丽如画的景色。恳求丈夫在这里买一小块土地盖一所房子。她丈夫答应了。他买了 20 亩地，盖了一座两层楼的新别墅。新别墅的女主人叶丽娜・伊凡诺芙娜心眼儿好，热心肠，喜欢周济穷人，但村里的农民并不领情，还常常与新别墅的主人过不去。工程师夫妇没有办法协调与农民们的关系，女主人带着几个孩子上莫斯科去了，工程师也把新别墅卖掉了。

几年过后，一个早春的天气，奥勃鲁卡诺佛村的农民在车站附近锯木头。收工回家，他们路过这座新别墅，又想起了工程师和他的太太。

“他们累透了，磨蹭着往前走，一面走一面寻思……他们暗想：村里的人，大家都是善良、本分、清醒、敬奉上帝的人，叶丽娜·伊凡诺芙娜呢，也沉静、厚道、温和；瞧她一眼，都会叫人心里不好过，可是他们为什么处不下去呢？为什么他们分手的时候跟仇人似的？怎么会有那么一层雾，遮住他们的眼睛，弄得他们看不见什么才是顶要紧的，弄得他们看不见别的，只看见牲口、马勒、钳子等造成的损失，以及他们现在想来，全显得无聊的一切琐碎事情？”

当然，在奥勃鲁卡诺佛村的村民中也有少数对新别墅的主人怀有善意的。那就是铁匠娄吉昂和他的妻子司节潘妮达。契诃夫向读者描述了这一对老人间的相敬如宾、相濡以沫的关系：“一到家，娄吉昂就念祷告，脱掉靴子，在凳子上挨着他的妻子坐下来。司节潘妮达和他每逢在家，总是并排坐着；在街上呢，总是并肩走路，吃饭也好，喝酒也好，睡觉也好，他们总是在一块儿；他们越老，相爱也越深。”

铁匠娄吉昂与新别墅的女主人叶丽娜·伊凡诺芙娜，虽然属于不同的社会阶层，但却都跳动着一颗善良的心，因此获得了契诃夫的格外同情。

1904 年，契诃夫逝世前带着爱犬在雅尔塔的花园里散步。

1899 年秋天，雅尔塔的“白色别墅”建成，契诃夫在这个南方的海滨城市里安顿好了自己的新家之后，着手写作《牵小狗的女人》。

雅尔塔是个临海的旅游胜地。小说开门见山地把女主人公点了出来：“据说在堤岸上出现了一个新人：一个牵小狗的女人。”紧接着就说小说的男主人公古罗夫，“已经在雅尔塔生活了两个星期，对这个地方已经熟悉，也开始对新人发生兴趣了。”这预示着可能将有一段在这样的旅游胜地常常发生的风流韵事发生。

起初，古罗夫也当真是这么打算的：“等到那个女人在离开他只有三步远的那张桌子边坐下，他就不由得想起那些关于风流艳遇和登山旅行的传闻，于是，来一次快当而短促的结合，跟一个身世不同、连姓名都不知道的女人干一回风流韵事这样的诱人想法突然控制住了他。”

最后的结果是，他们两人真正地相爱了。在古罗夫，是“生平第一次认真地、真正地爱上一个女人”。本来想逢场作戏地搞一桩风流韵事，结果出现了真正的爱情。

《牵小狗的女人》是一篇写爱情的小说。但契诃夫对在古罗夫和安娜·谢尔盖耶芙娜之间发生在雅尔塔海滨的“爱情故事”着墨不多。小说作者描写的重点放到了他俩在雅尔塔分手之后的精神煎熬上。也就是说小说男女主人公对于他们之间的爱情的深度与价值是在分手之后逐渐地认识到与体验到的。以至于到了小说快结束的时候，“他们觉得他们的遇合似乎是命中注定的，他们不懂为什么他已经娶了妻子，她也已经嫁了丈夫；他们仿佛是两只候鸟，一雌一雄，被人捉住，硬关在两只笼里，分开生活似的。”

因此，《牵小狗的女人》也不仅仅是篇描写爱情和这种爱情如何把两个人都给改变了的小说。古罗夫与安娜·谢尔盖耶芙娜之间的爱情愈是不可遏止，就愈是反映出这两个人仿佛是一雌一雄的两只候鸟“被人捉住，硬关在两只笼里”的痛苦，愈是表现出两个真诚的生命要从虚假的令人窒息的旧生活中挣扎出来的渴望。

这笼子一般的令人窒息的旧生活，契诃夫在小说里是用一种近似象征的手段加以表现的。安娜·谢尔盖耶芙娜与那个她并不喜欢的官僚丈夫居住的那所房子的正对面延伸着一道围墙：灰灰的，长长的，墙头上竖着许多钉子”。在这个“墙头上竖着许多钉子”的灰色围墙里生活着的“牵小狗的女人”从来没有幸福过。她对于古罗夫的爱，就是她要从这个灰色围墙里冲出来的热望与决心。

但要实现这个决心是何等的艰难啊！安娜·谢尔盖耶芙娜每两三个月到莫斯科去和古罗夫幽会一次，还需要向丈夫编个谎话说“她去找一位教授治她的妇女病”。而古罗夫也只能偷偷地去赴幽会。

正是在描写古罗夫一边送女儿上学一边去赴幽会时的这种矛盾心态时，契诃夫把戴着面具、过着双重生活的人的生存困境作了十分精辟与精彩的提示：

> 他边说边想：他现在去赴幽会，这件事没有一个活人知道，大概永远也不会有人知道。他有两种生活：一种生活是公开的，它是所有需要看看并知道这种生活的人都看见和都知道的，它充满了传统的虚假的真实和虚伪的欺骗，它同他的熟人和朋友们过着的生活一模一样；而另一种生活是在暗中进行的。由许多情况的奇怪（也许是偶然）的凑合，所有在他心目中是重大的、有意思的、不可或缺的东西，所有他真诚地做了而又不欺骗自己的事情，所有构成他生活的核心的事情——所有这一切都是背着他人发生的……

古罗夫和安娜·谢尔盖耶芙娜在幽会时商量，该如何才能摆脱这种必须躲藏、欺骗、分居两地的窘境？该怎样才能从这种不堪忍受的桎梏中解放出来？

契诃夫在结束小说的最后一段文字对此作了完全是契诃夫式的回答：“似乎再过一忽儿，解答就可以找到，到那时候，一种崭新的、美好的生活就要开始了，不过这两个人心里明白：离着结束还很远很远，那最复杂、最困难的道路现在才刚刚开始。”

这样，契诃夫的小说的内涵从爱情问题突进到了人生问题、社会问题。高尔基当年一读到《牵小狗的女人》就体会到了小说中深沉的社会内容，他写信给契诃夫说："您以您的篇幅不大的短篇小说在做着一件意义巨大的事情：唤起人们对浑浑噩噩、半死不活的生活的厌恶。"

我们已经说了，《牵小狗的女人》写到了迟到的爱情。契诃夫写这个小说的时候，自己也正处在爱情的生活氛围里，而且那也恰恰是迟到的爱情。小说里有一个细节：古罗夫正要去爱抚安娜·谢尔盖耶芙娜的时候，突然看到镜子里的自己已经头发开始花白，于是生出了一番感慨。小说是这样写的：

> 他走近她，抚爱她的肩膀，想表示一下对她的亲热，说几句笑话，就在此时，他在镜子里看见了自己。
>
> 他的头发已经开始发白。他甚至感到奇怪：近几年来会老得这么厉害，会变得这么难看了。而他双手正抚摸着的双肩却是暖暖的，在颤抖……只是到了现在，到了他的头发开始变白的时候，他才爱上了；认真的爱，真正的爱，有生以来第一次。

我们可以设想，在契诃夫与克尼碧尔开始热恋的1899年的某一天，契诃夫站在克尼碧尔的背后也曾经突然在镜子里看到自己的开始发白的头发，他的心里也会发出一声感慨："直到现在，他的头发开始白了，他才生平第一次认真地、真正地爱上一个女人。"在《牵小狗的女人》中无疑也倾注有契诃夫自己的情感。

继《牵小狗的女人》之后问世的，是中篇小说《在峡谷里》(1900)。为什么给这个小说起这样的题名？请读小说的开篇："乌克列耶沃村坐落在一个峡谷里，因此从公路上和火车站上只能看见教堂的钟楼和棉布印花厂的烟囱。过路的人一问起这是什么村子，就会听见人家说：这就是那个教堂执事在丧宴上吃光鱼子酱的村子。"

这个坐落在峡谷里的村子，突出了两种文明的象征：教堂的钟楼和工厂的烟囱。但走进这个峡谷，扑面而来的却是贫穷、野蛮与落后。这个村子里就连在夏天也是满地泥泞，全村只有两幢像样的房子，其中有一幢是乡公所。乡公所里虽然也安了一架电话，“可是不久那架电话就给臭虫和蟑螂爬满，打不通了。”这个村里的大户人家是开杂货店的齐布金一家，老齐布金和小媳妇阿克西妮娅无证私卖劣质伏特加酒。他们家的大儿子阿尼西姆伪造假币，他们家店铺向农民卖的“素油又苦又有臭味，比黑煤油还糟”。阿克西妮娅用开水烫死小尼基福尔……

契诃夫写完《在峡谷里》后，曾于 1900 年 1 月 2 日给克尼碧尔写信提到了他的这篇小说：“二月号《生活》杂志上将刊登我的一个中篇小说，一篇写得很怪的小说：有许多人物，还有风景描写。有半个月亮，有鸟儿在远处鸣叫：噗！噗！噗——就像关在棚子里的奶牛。什么都有。”“什么都有”也意味着生活的斑驳与人性的复杂。阿尼西姆伪造假币，但同时他又大谈“良心”，说“依我的看法，毛病全出在人们昧了良心。”高尔基对这一点特别欣赏，他在那篇评论《在峡谷里》的文章里写道：“阿尼西姆早就受到良心谴责了，可是他仍旧继续造假银币。这一点是非常真实的，被契诃夫异常正确地抓住了。……不断地，总有一种力量把我们每一个人，像阿尼西姆一样，向背道而驰的方向拽引着……在一个人身上，最常见的是有两种互相排斥的倾向在作斗争：更好地做人的倾向和更好地生活的倾向。”

契诃夫给《在峡谷里》描绘的社会生活背景的色彩是阴暗的，但在这阴暗的生活背景下，有一个光彩照人的女性形象，她就是老齐布金家的大儿媳丽芭，就是那个“除去惊恐而温柔的灵魂以外把一切都献给别人的丽芭”。她和老齐布金家的凶悍恶毒的二儿媳阿克西妮娅形成了鲜明的对照，而丽芭带着死去的儿子从医院回家的一路上，新月当空，繁星闪烁，杜鹃啼血……除了情景交融的景物描写外，契诃夫还安排了一个像圣人一般的老者在路上和丽芭相遇，老者安慰丽芭说：“你的苦恼还算不得顶厉害的苦恼。人的寿命是长的，往后还会有好日子，也有坏日子，什么事都会来的。俄罗斯母亲真伟大啊！”契诃夫在《在峡谷里》写的主要是俄罗斯的“坏日子”，但契诃夫深信，“好日子”将来一定会出现的。

在写作《牵小狗的女人》和《在峡谷里》的时候，契诃夫已经同时在构思剧本《三姐妹》（1901）了。丹钦科在20世纪40年代重排《三姐妹》的时候，曾把这个戏的“种子”即题旨归纳为：“对美好生活的渴望”。契诃夫是个乐观的进化论者，他相信人类是在一步一步地走向光明，人类的明天一定是光辉灿烂的。这个思想，契诃夫早在前边一个剧本《万尼亚舅舅》里就表达了出来。剧本结尾的时候，索尼娅对陷入痛苦之中的万尼亚舅舅说：“我们会听见天使的歌唱；我们会看见整个天空充满灿烂的光辉；我们会看见所有人世的罪恶、所有我们的苦难，全都湮没在广大的慈爱里；慈爱会充满整个世界，而我们的生活也就会变得和平、亲爱、甜美，有如一个温柔的爱抚。”

《三姐妹》里的人物更是执着地强调“幸福在明天”的思想。比如图森巴赫说：“这样的时候快到了，那巨大的、健全的、有力的暴风雨，一步步地向我们逼近，马上就要把我们社会上的惰性、冷淡、对劳动的偏见、腐朽的愁闷一扫而光。我要去工作，再过二十五年至三十年，每一个人都要去工作。”比如维尔希宁说：“我觉得世界上所有一切，都应该慢慢儿改变，再过二三百年以至一千年——问题不在乎时间——那幸福的生活就来到了。”

既然“幸福在明天”，那么今天我们就要等待那明天的到来。“三姐妹”不断地呼喊着“到莫斯科去！”这“莫斯科”就是那个可望而不可即的“明天”。20世纪50年代荒诞派戏剧的代表作《等待戈多》问世之后，就有西方戏剧评论家把《等待戈多》的作者贝克特与契诃夫挂上了钩，认为那两个“等待戈多”的流浪汉的原型就是契诃夫的等待“到莫斯科去”的“三姐妹”。

《三姐妹》里的蒲洛左洛夫家的“三姐妹”——奥尔加、玛莎、伊林娜，实际上是三个有不同性格色彩的共同的灵魂，她们痛苦着，意识到自己的青春在一点一滴地消失，而她们的“到莫斯科去”的希望也要化为泡影。她们思索着，她们中的玛莎甚至想知道“大雁为什么要飞翔，婴儿为什么要降生，星星为什么要在天空闪烁”。到了全剧结尾的时候，“三姐妹”终于在送别了军人之后，在欢快的军乐声中，在秋天的忧郁之中，紧紧偎依在一起，像一个共同的灵魂那样，用诗一样的台词为全剧作了充满乐观主义的诗意的点染：

玛莎　嘿，军乐演奏得多好啊！他们从我们这里走了，有一个人这一走，永远、永远都不会再回来，把我们孤孤单单抛下，开始新生活。应该活着，应该活着……你们瞧，候鸟正在我们头上飞呢，千百年，每个春秋，它们就这样不停地飞着，不知道究竟为什么，等飞上数万年后，有一天，上帝会给它们最后答案……

伊林娜　（头倚靠在奥尔加胸前）总会有那么一天的，所有人都能懂得这一切是为什么，这些痛苦为了什么，那时就没有任何秘密可言了，现在应该活着……应该工作，只要工作就行了！明天我一个人走，去学校教书，把自己的全部生命献给那些可能需要它的人。现在是秋天，冬天快来了，就要飘舞起雪花，我要工作，要工作……

奥尔加　（拥抱两个妹妹）军乐演奏得这么欢快、有朝气，真想活着啊！唉，我的天！时间飞逝，我们会永远消失，被人忘了，忘了我们的脸、声音，忘了

> 曾经有我们姐妹三个。但是我们的痛苦会化成后来人的欢乐，幸福、和平会降临，那时候，他们会用美好的话语提起和赞扬现在活着的人！唉，亲爱的妹妹们，生命还没终结，要活下去啊！何况这军乐演奏得这么愉快、欢乐，好像再过一会儿，我们就知道究竟为什么活，为什么痛苦……要能知道，要能知道的话，该多好！

我们的曹禺先生对《三姐妹》的这个结尾特别欣赏，他在 1936 年写的《日出·跋》里也对《三姐妹》一剧所展现的契诃夫戏剧的美妙作了高度评价："在这出伟大的戏里没有一点张牙舞爪的穿插……不见一段惊心动魄的场面，结构很平淡，剧情也没有什么起伏生展，却那样抓牢了我的魂魄。"到了 1982 年，曹禺先生再次提到契诃夫戏剧对于他的启示："他教我懂得艺术上的平淡……他看得更深，写真实的人在命运中有所悟，在思想感情上把人升华了。"

曹禺的眼光是锐利的，他看出了契诃夫戏剧在忧郁的情调中深蕴着的乐观主义。《三姐妹》中的"三姐妹"的情感的确有了升华。戏剧人物的思想感悟与情感升华，在契诃夫的最后一部剧作《樱桃园》（1903）中就显示得更为鲜明了。契诃夫把自己的对于新生活的渴望，注入到了剧中的两个青年人——特罗菲莫夫与安尼雅的形象里。特罗菲莫夫对安尼雅说："我们要奋不顾身地走向那颗闪闪发光的星星，它闪烁在遥远的天际！"他鼓励安尼雅走出这个衰败的、朝不保夕的樱桃园，他说，"整个俄罗斯是我们的花园。世界宏大而美丽，好地方有的是。"后来，当柳苞芙·安德列耶芙娜为失去了的樱桃园哭泣的时候，安尼雅就出来劝慰说：

> 我亲爱的、善良的好妈妈，我美丽的妈妈，我爱你……我

祝福你。樱桃园卖掉了，它不是我们的了，这是真的，妈妈，但妈妈你不要哭，你的生活还在前头，你还有美丽和纯洁的心灵……亲爱的妈妈，跟我一块儿走吧，让我们离开这里！……我们要去建造一座新的花园，它会比这座花园更加富丽，你会看得到它的，你会感受到它的美丽，而快乐，那宁静的、深沉的快乐，会降临到你的身边，像夕阳照亮着黄昏，你会露出笑容来的，妈妈！我们走吧，亲爱的妈妈！我们走吧！……

这种在现实人生命运中的人的感悟，其基调是乐观主义的。因此，契诃夫坚持认为他的《三姐妹》和《樱桃园》是喜剧，而坚决反对斯坦尼斯拉夫斯基他们在演出海报上把《樱桃园》说成是正剧。1904 年 4 月 10 日契诃夫在写给妻子克尼碧尔的信中，生气地写道："为什么一个劲儿地在演出海报和报纸广告上把我的剧本称作正剧？聂米洛维奇和阿历克谢耶夫（即斯坦尼斯拉夫斯基）完全没有看懂我写的东西。"

"与旧生活告别"也是契诃夫的最后一篇小说《未婚妻》（1903）的题旨。过去，评论家们对新娘的青春觉醒，给予了较为直接的政治含义，有的甚至认为她离家出走奔赴彼得堡，肯定会参加 1905 年的革命的。

其实，在契诃夫的笔下，娜佳的生活前景带有一定的不确定性。小说的最后结尾是这样的：

"别了，亲爱的萨沙！"她想道。在她面前显现出一种崭新的宽广自由的生活，这种生活，尚模模糊糊、神秘玄妙的生活，正在招引她，诱惑她。

她走到楼上自己的房间收拾行李。第二天早晨，她告辞家里人，生气勃勃、高高兴兴地离开了这个城市，像她所认为的那样，永远地离开了。

在娜佳面前出现的"新生活"是"宽广辽阔"，但又是"还不明朗，充满着神秘”的。这是一。

其次，“从此再也不会回来了”，也只是小说女主人公娜佳自己“觉得”，而并非小说作者契诃夫的断语。

《未婚妻》的主旨不是在新娘娜佳如何走到“新生活”里去，而是在娜佳为什么要摆脱“旧生活”。

娜佳芳龄已经二十又三，她从16岁起就热切地巴望着出嫁。小说开始时，她已经做了神甫的儿子安德烈·安德烈伊奇的未婚妻，“婚期已经定在7月7日，可是她并不高兴，晚上也睡不好觉，兴致提不起来。”

这个“可是”很要紧。这是“激起千层浪”的一块石头，是小说事件纠葛的缘起，也是小说内涵实质的所在。为什么婚期已定，“可是”娜佳并不高兴，晚上睡不好觉，兴致提不起来？

小说的全部内容就是来回答这个“为什么？”

小说第二章的开头这样写道：

> 娜佳醒来时大概是两点钟光景，天开始破晓，在远处一个什么地方有守夜人打更。她不想睡了，躺在床上觉得软绵绵的，不舒服，就像在以往的五月之夜那样，娜佳坐在床上思忖起来。可是她想到的还是昨夜想到过的那些事情，单调，没意思，令人腻烦，想到安德烈·安德烈伊奇追求她、向她求婚的情境，想到她怎样同意，后来她又怎样渐渐看清了这个善良而又聪明的人的优点。可是现在，离举行婚礼的日子不过一个月的现在，不知为什么，她却开始感到恐惧和不安，像是有什么模糊的艰难的事在等着她似的。

尽管睡在软软的床铺上，但娜佳睡不着觉；尽管她早就热切盼望的婚期就快到了。

娜佳对物质生活富足、精神生活贫乏的旧生活的厌倦，肯定是逐渐地在她心中萌生的，但她思想感情的这种激变，也肯定是得力于萨沙的启迪。

萨沙是娜佳祖母的远亲，十几年前被送到莫斯科读书，后来在一家石印厂工作，这时正好回来度假。他向娜佳苦口婆心地劝说，无非是让她尽快离开这个死水一般的生活。他说："亲爱的，好姑娘，您走吧！您该向大家表明您厌恶这种一滩死水的、灰色的、有罪的生活了。"为什么是"有罪的"呢？萨沙又说："不管怎样，我亲爱的，必须仔细想一想，必须理解你们的游手好闲的生活是多么不干净，多么不道德。"

娜佳把萨沙的话听进去了。终于有一天晚上向萨沙表达了与旧生活决绝的信念："我受不住了……以前我怎么能在这儿生活的，我不明白，我想不通！我看不起我的未婚夫，看不起整个这种游手好闲的、毫无意义的生活。"

第二天，娜佳就走了，到彼得堡去了。

娜佳是在萨沙的鼓动下走向"新生活"的。但也不要把萨沙看作一个革命志士。娜佳在彼得堡过了一冬以后，返家途中在莫斯科小作停留，并拜访过萨沙，而这时的萨沙在娜佳的感觉里，已然"成了一种过时的、旧式的、早已活到了头而且或许已经埋进坟墓的东西了。"

《未婚妻》的力量，是在表现向旧生活告别。但对新生活的指向，便有很大的不确定性。这也反映到了《未婚妻》的具有印象主义意味的叙事风格上。请看小说的头一段景物描写：

> 园里静悄悄的，挺凉爽，地面上铺着一些昏黄宁静的阴影。可以听到，在远处一个什么地方，大约是在城外，不少青蛙在聒噪。感觉得到五月的气息，可爱的五月！可以深深地呼吸了，不禁想到：并非在这里，而是别的什么地方，在天空之下，树林之上，在城市的远郊，在田野上，在树林里，春天的生机正在蓬勃展开，神秘、美好、丰富和神圣的生机，脆弱而造孽的

人所不能理解的生机。不知为什么，真想哭它一场。

“大约是”，“并非在这里，而是别的什么地方”，“不知为什么”等不确定性词语，既表述着人物心理状态的复杂性，而且也似乎在把新生活（“春天的生机”）的美景用印象主义的笔法勾勒得朦朦胧胧，不甚分明。但与此同时，契诃夫又在让人们体验到这“春天的生机正在蓬勃展开”，而所有这一切又都给《未婚妻》这篇小说赋予了特殊的艺术感染力。

在《未婚妻》之前，契诃夫发表了另一篇小说《主教》（1902）。

《主教》实际上写的是彼得主教的死亡。一个垂死的作家描写一个小说人物的因病死亡，小说里肯定会有小说作者的心灵的投影。那就是在死神面前的坦然。

由于流血，主教不出一个钟头就变得很疲倦，很苍白。面对主教病危的凶象，他的老母亲大吃一惊，开口说：“我的亲儿子啊！你怎么变成这样啦？”而主教他呢，“已经一句话也说不出来，什么也不明白了，只觉得自己好像成了一个普通的、平常的人，在田野上兴高采烈而且很快地走着，而手里的拐杖敲打着地面，头顶上是广阔的天空，阳光普照，他现在自由了，像鸟一样爱到哪儿去就可以到哪儿去了！”

主教去世的第二天是复活节。“城里有四十二座教堂和六个修道院，洪亮欢畅的钟声从早到晚在城市上空响个不停，激荡着春天的空气，鸟儿歌唱，太阳灿烂地照耀……一句话，大地欢腾，一切顺利，如同去年一样，而且明年多半也会这样。”

一个人死了，但生活照样继续。这也透露着契诃夫的乐观主义。

最后时刻

在雅尔塔给契诃夫看病的阿里特舒列尔医生说过这样一句话："契诃夫的不幸是在于他的身体消受不了新婚的幸福"。

这话不无道理。契诃夫与莫斯科艺术剧院演员克尼碧尔结婚的时候，已经是个严重的肺结核病人。他们 1901 年 5 月 25 日结的婚，蜜月旅行归来不久，时年 41 岁的契诃夫居然就有了立下遗嘱的念头。遗嘱是 1901 年 8 月 3 日写的，除去定下财产分割的方案之外，遗嘱上还特别关照妻子和妹妹要"帮助穷人。爱护母亲。全家和睦。"

夫妻新婚而别、天各一方的日子是难捱的，但长期团聚也是不可能的。病人契诃夫需要雅尔塔的温暖阳光，演员克尼碧尔需要莫斯科的戏剧舞台。契诃夫因此感到雅尔塔是他的不幸的流放地、"温暖的西伯利亚"，他像他笔下的"三姐妹"一样，心里不断地在呼喊，"到莫斯科去！到莫斯科去！"但契诃夫每次到莫斯科去与妻子相聚，都要付出病情加剧的代价。那么，让妻子到雅尔塔来如何？契诃夫陷入了痛苦的矛盾之中。

正是在这种痛苦的矛盾心情的支配下，契诃夫于 1903 年 1 月 20 日给妻子写了封信："我的小鸽子，这该如何是好呢？你好好地想一下吧，如果你和我一起在雅尔塔度过整个冬天的话，你的生活就会毁了，而我也会受到良心的责备。”三天之后，即1903年1月24日，契诃夫在给妻子的信里写下了让人心颤的内心自白：“我和你在一起活不多久了，再过二三年，青春（如果能把它称作青春的话）就要过去，需要赶紧……”

真是一语成谶！此语一出，契诃夫果真也就再活了一年半。

1903年年末，照例契诃夫应该留在雅尔塔，但他急着要到莫斯科去。妻子召唤着他，正在排演他的剧本《樱桃园》的莫斯科艺术剧院在召唤着他。12月初，契诃夫冒着严寒到了莫斯科。这样，契诃夫又可以天天和爱妻在一起，又可以天天到莫斯科艺术剧院去看排戏。在莫斯科他和妻子一起高高兴兴地迎来了1904年——契诃夫生命的最后一年。

1904年1月17日，是契诃夫44岁生日，也是莫斯科艺术剧院首演《樱桃园》的日子。第三幕演完后，就在舞台上举行了为契诃夫祝寿的仪式。斯坦尼斯拉夫斯基后来在《我的艺术生活》中记录下了这个不无悲剧意味的庆典：“当第三幕演完后，消瘦的他，脸色惨白地站在舞台上，在接受人们的贺辞与贺礼的时候，还止不住咳嗽，我们的心都痛苦地紧缩了。”第二天契诃夫给一位朋友写信说：“昨天演了我的戏，我的心情不好，想离开这里。”契诃夫于1904年2月15日离开莫斯科返回雅尔塔。

但刚在雅尔塔住下，契诃夫又开始埋怨这座海滨城市的死一般的寂寞，同时也埋怨他的“白色别墅”里的川流不息的不速之客。5月3日，契诃夫挣扎着来到莫斯科，从此病入膏肓，出现了严重的哮喘和心力衰竭的症状。契诃夫当真要面对死亡了。

关于死亡问题，契诃夫曾与列夫·托尔斯泰作过讨论。托尔斯泰相信人死之后的灵魂不死。契诃夫不相信任何宗教意义上的灵魂不死。契诃夫比托尔斯泰更加坦然地对待死亡。他曾对作家蒲宁说过：“人不可能把什么都抓到自己手里。人一死就全都完结。”契诃夫的达观接近于说过“死去何所道，托体同山阿”的陶渊明。莫斯科的一位德国医生建议契诃夫赶紧出国治病。契诃夫答应了。契诃夫夫妇是 1904 年 6 月 3 日离开莫斯科的，临行前一天，他对一位前来探望的朋友说：“我是去死的。”

契诃夫当真想在国外找一个风光秀丽而又全无外界干扰的处所，在那里平和地告别人生。他选中了德国与瑞士交界处的疗养胜地巴登威勒。契诃夫偕克尼碧尔于 1904 年 6 月 8 日到达巴登威勒。1904 年 6 月 28 日契诃夫写下他一生中写的第 4468 封信，也是他写下的最后一封信。是写给他的妹妹玛丽亚的。信里的最后一句话是一声似乎与他的个人命运全然无关的叹息：“没有一个穿着得体的德国女人，简直是俗不可耐。”

第二天，1904 年 6 月 29 日，契诃夫再一次心力衰竭，经抢救，7 月 1 日病情有了缓解，便劝几天来一直守护在他病榻旁的妻子到公园去散散步，为了松弛一下紧张了好几天的神经，契诃夫还给妻子讲了一个他临时编出来的幽默故事：在一个疗养院里，住着一群大腹便便、红光满面的美国人和英国人，他们在外边游玩了一天回来，都急不可耐地等着吃饭。忽然传来消息，厨师已经跑了，晚饭开不成了。然后契诃夫把这群吃不到饭的美食家们的狼狈相做了一番描述，让妻子听了哈哈大笑。

但就在讲完了这个幽默故事之后几个小时，契诃夫的最后时刻也就来临了。

1904 年 7 月 2 日（公历 7 月 15 日）凌晨 1 时，契诃夫醒来，感到憋气，意识到他的大限已到。他第一次主动提出要请医生来。施维列尔医生匆匆赶来。契诃夫冲着医生用德语说：“我要死了。”医生走过去给契诃夫注射了一针药水，让人拿杯香槟酒来。契诃夫呷了口香槟，对妻子说：“我好久没有喝香槟了。”他把一杯香槟都喝完了，喝完了就侧身睡着了——永远地睡着了。

克尼碧尔后来在回忆录里详细记述了契诃夫的临终时刻。她用“像婴儿一样地睡着了”来形容契诃夫去世时的宁静与美丽，让人想到契诃夫的那句“人的一切都应该美丽的”名言。

位于莫斯科新圣女修道院内的契诃夫墓。

附录：

契诃夫年谱

1860年

1月17日（公历1月29日），安东·巴甫洛维奇·契诃夫诞生在塔甘罗格市。父亲巴维尔·叶戈罗维奇（1825–1898）开杂货铺，母亲叶甫盖尼雅·雅科甫列芙娜（1835–1919）操持家务。安东·契诃夫排行第三。他有两个哥哥：大哥亚历山大·契诃夫（1855–1913），二哥尼古拉·契诃夫（1858–1889）；两个弟弟：四弟伊凡·契诃夫（1861–1922）、六弟米哈伊尔·契诃夫（1865–1936），以及妹妹玛丽亚·契诃娃（1863–1957）。

1867年

进入塔甘罗格市希腊语小学。

1868年

转入塔甘罗格市俄语小学预备班。

1869年

升入俄语小学一年级。

1876年

父亲的商店破产，全家移居莫斯科，安东·契诃夫与弟弟伊凡仍留在塔甘罗格。

1877 年

第一次去莫斯科度暑假。弟弟伊凡离开塔甘罗格去莫斯科。

1878—1879 年

创作剧本《没有父亲的人》，去世后发表。现在常以《普拉东诺夫》剧名演出。

1879 年

中学毕业并考上莫斯科大学医学系。

1880 年

3 月，在幽默刊物《蜻蜓》第 10 期发表处女作《一位顿河地主写给有学问的邻居的信》。

1881 年

开始以安东沙·契洪特等笔名在《观众》、《闹钟》、《花絮》等幽默刊物发表幽默小品。

1883 年

7 月，在《花絮》上发表《一个文官的死》，此后还发表了《胖子和瘦子》、《变色龙》等一系列幽默小说名作。

10 月，与《花絮》主编列依金相识。

1884 年

大学毕业，在莫斯科近郊行医。第一个作品集《梅尔波梅尼的故事》问世。

12 月，第一次咳血。

1885 年

12月，第一次去彼得堡，与《新时代》主编苏沃林相识并建立了私谊。

1886 年

1 月 27 日，在《彼得堡》发表《苦恼》，这是一个里程碑式的作品。

3 月 25 日，接到老作家格里戈罗维奇的热情鼓励的来信，并复信表示感谢。

5 月，短篇小说集《形形色色的故事》出版。

1887 年

8 月，出版小说集《在黄昏中》。

11 月 19 日，在莫斯科柯尔什剧院首演《伊凡诺夫》。

1888—1892 年

与《北方信使》合作，在这个刊物上先后发表了剧本《伊凡诺夫》和小说《草原》、《灯火》、《没有意思的故事》等。

1888 年 10 月 7 日，小说集《在黄昏中》获普希金奖。

1888 年 12 月—1889 年 1 月，在彼得堡与作曲家柴科夫斯基相识。

1889 年

6 月 17 日，二哥尼古拉去世。

1890 年

3 月，出版小说集《忧郁的人》。

4 月 21 日，离开莫斯科横越西伯利亚，到萨哈林岛旅行。

6 月 27 日，参观中国瑷珲古城。

7 月 11 日，到达萨哈林岛。

10 月 13 日，离开萨哈林岛。

12 月 8 日，回到莫斯科。

1891 年

1 月，开始与米齐诺娃通信，这位初恋情人后来成了《海鸥》中女主人公妮娜的生活原型。

3 月，与苏沃林结伴旅游西欧，足迹遍及维也纳、威尼斯、佛罗伦萨、罗马、庞贝、热那亚、尼斯、蒙特卡罗和巴黎。

1892 年

1891 年 12 月—1892 年 2 月，参加尼日戈洛德省和伏罗尼什省的救灾工作。

3 月，定居梅里霍沃庄园。

6 月，米齐诺娃来访梅里霍沃，这位契诃夫初恋情人也成了契诃夫全家的朋友。

11 月，发表小说《第六病室》。

1893 年

10 月，《萨哈林岛游记》发表。

1894 年

1 月，小说《黑修士》发表。

9 月，再度出国赴西欧旅游。

1895 年

8 月 8—9 日，在雅斯纳亚·波良纳首次拜访列夫·托尔斯泰。

10—11 月，写作剧本《海鸥》。

12 月 14 日，初识作家蒲宁。

1896 年

2 月 15 日，在莫斯科再访列夫·托尔斯泰。

10 月 17 日，彼得堡皇家剧院首演《海鸥》，惨败。

1897 年

3 月 25 日—4 月 10 日，因大量咳血在莫斯科住院治疗。

3 月 28 日，托尔斯泰去医院探望契诃夫，两人在病室里展开了有关“永生”的讨论。

9 月 1 日，出国去意大利的尼斯过冬，后经巴黎归国。

1898 年

1—2 月，因“德雷福斯案件”与苏沃林发生意见冲突，遂冷淡了彼此关系。

4 月，旅欧半年后回国。

夏天，在梅里霍沃写作小说三部曲——《套中人》、《醋栗》和《关于爱情》。

7—8 月，在梅里霍沃捐资建造小学。

9 月 9 日，在莫斯科初识克尼碧尔。

10 月 12 日，父亲巴维尔·叶戈罗维奇在莫斯科病逝。

12 月 17 日，莫斯科艺术剧院首演《海鸥》，大获成功。

冬季，在雅尔塔写作小说《宝贝儿》（又译作《可爱的人》）。从 1898 年到 1904 年，契诃夫常居雅尔塔。

1899 年

1 月，发表小说《新别墅》。

1 月 17 日，与书商马尔克斯签订版权出售合同。

3 月 19 日，在雅尔塔初识高尔基。

秋天，在雅尔塔写作《牵小狗的女人》。

10 月 26 日，莫斯科艺术剧院首演《万尼亚舅舅》。

1900 年

1 月 8 日，与列夫·托尔斯泰等被选为科学院名誉院士。

1 月，发表小说《在峡谷里》。

12 月 11 日，出国旅行。

1901 年

1 月 31 日，莫斯科艺术剧院首演《三姐妹》。

5 月 25 日，与克尼碧尔结婚。

8 月 3 日，立下遗嘱，最后嘱咐："帮助穷人。爱护母亲。全家和睦。"

9 月 12 日，在克里米亚的卡斯普里探望前来养病的列夫·托尔斯泰。

11 月 14 日，与高尔基一起去卡斯普里探望列夫·托尔斯泰。

1902 年

8 月 25 日，为声援高尔基，与柯罗连科一起致函皇家科学院，放弃科学院名誉院士称号。

1902年12月—1903年2月，创作小说《未婚妻》和剧本《樱桃园》，发表小说《主教》。

1903年

12月4日，到莫斯科看《樱桃园》的排演。

12月初，发表最后一篇小说《未婚妻》。

1904年

1月17日，莫斯科艺术剧院首演《樱桃园》，并在舞台上为契诃夫庆贺44岁生日。

2月17日，返回雅尔塔。

5月3日，到莫斯科，病倒。

5月，发表《樱桃园》，这是作家的绝笔作。

6月3日，偕妻子起程出国治病。

6月8日，到达巴登威勒。

7月2日（公历7月15日），于巴登威勒病逝。